Collection « L'esprit économique »

fondée par Sophie Boutillier et Dimitri Uzunidis en 1996
dirigée par Sophie Boutillier, Blandine Laperche, Dimitri Uzunidis

Si l'apparence des choses se confondait avec leur réalité, toute réflexion, toute Science, toute recherche serait superflue. La collection « L'esprit économique » soulève le débat, textes et images à l'appui, sur la face cachée économique des faits sociaux : rapports de pouvoir, de production et d'échange, innovations organisationnelles, technologiques et financières, espaces globaux et microéconomiques de valorisation et de profit, pensées critiques et novatrices sur le monde en mouvement...
Ces ouvrages s'adressent aux étudiants, aux enseignants, aux chercheurs en sciences économiques, politiques, sociales, juridiques et de gestion, ainsi qu'aux experts d'entreprise et d'administration des institutions.

La collection est divisée en six séries :

Dans la série *Economie et Innovation* sont publiés des ouvrages d'économie industrielle, financière et du travail et de sociologie économique qui mettent l'accent sur les transformations économiques et sociales suite à l'introduction de nouvelles techniques et méthodes de production. L'innovation se confond avec la nouveauté marchande et touche le cœur même des rapports sociaux et de leurs représentations institutionnelles.

La série *Economie formelle* a pour objectif de promouvoir l'analyse des faits économiques contemporains en s'appuyant sur les approches critiques de l'économie telle qu'elle est enseignée et normalisée mondialement. Elle comprend des livres qui s'interrogent sur les choix des acteurs économiques dans une perspective macroéconomique, historique et prospective.

Dans la série *Le Monde en Question* sont publiés des ouvrages d'économie politique traitant des problèmes internationaux. Les économies nationales, le développement, les espaces élargis, ainsi que l'étude des ressorts fondamentaux de l'économie mondiale sont les sujets de prédilection dans le choix des publications.

La série *Krisis* a été créée pour faciliter la lecture historique des problèmes économiques et sociaux d'aujourd'hui liés aux métamorphoses de l'organisation industrielle et du travail. Elle comprend la réédition d'ouvrages anciens, de compilations de textes autour des mêmes questions et des ouvrages d'histoire de la pensée et des faits économiques.

La série *Clichés* a été créée pour fixer les impressions du monde économique. Les ouvrages contiennent photos et texte pour faire ressortir les caractéristiques d'une situation donnée. Le premier thème directeur est : mémoire et actualité du travail et de l'industrie ; le second : histoire et impacts économiques et sociaux des innovations.

La série *Cours Principaux* comprend des ouvrages simples, fondamentaux et/ou spécialisés qui s'adressent aux étudiants en licence et en master en économie, sociologie, droit, et gestion. Son principe de base est l'application du vieil adage chinois : « le plus long voyage commence par le premier pas ».

INNOVATION ET DYNAMIQUE DISCONTINUE
AU BAS MOYEN ÂGE

5-7, rue de l'École-Polytechnique, 75005 Paris

http://www.editions-harmattan.fr

ISBN : 978-2-343-19813-2
EAN : 9782343198132

Benoît Tonglet

Innovation et dynamique discontinue au bas Moyen Âge

Pour une autre approche de l'histoire economique

L'Harmattan

Du même auteur

L'Harmattan - Paris
- La déflation. Qu'en dites-vous Nikolaï Kondratieff ?, 2003.
- Pour un nouvel esprit syndical, 2004.
- Histoire économique. Critique de la méthode, 2007.

Editions Pleins Feux – Nantes
- Une critique de la raison économique, 2006.

Librairie « Au Vieux Quartier » - Namur
- L'habitat seigneurial fortifié du comté de Namur. X-XVème siècles. Inventaire et commentaires, 1985.
- La seigneurie indépendante. X-XIIème siècles. L'exemple de douze familles du pays mosan, 1992.

Centre Culturel régional de Dinant – Les Echos de Crèvecœur
- De l'échange-don à l'économie d'échange. Dinant au Moyen Âge, 2008.

Institut du Patrimoine Wallon
- Le patrimoine de Thynes (Dinant), P. SAINT-AMAND, avec la collaboration de C. HUART, M. COLEAU et B. TONGLET, Carnets du Patrimoine, 104, Namur, 2013.

Chez l'Auteur
- Autour du château. Le pouvoir en pays mosan (500-1200). Essai de mise en scène, Wépion, 2007.
- Châteaux. Topographies castrales et histoire du Moyen Âge. L'exemple du Moyen Âge, Namur, 2009.
- Le Pays mosan. Son évolution économique (450-1460). Essai sur la dynamique médiévale, Namur, 2010.
- Châteaux et ruptures castrales autour de l'an mil. Postulation ou réalité en pays mosan ? , Namur, 2011.
- Innovation et Métallurgie mosane (1000-1790). Laiton. Plomb. Fer. Le choc du neuf dans l'histoire, Namur, 2015.
- Aristocratie médiévale mosane et théorie économique et politique de la seigneurie castrale. 950-1200. Essai de sociologie castrale.

INTRODUCTION

L'histoire économique est une discipline hybride. L'économiste-historien fonde ses trop rares approches du bas Moyen Âge sur un survol de quelques ouvrages historiques. L'historien du bas Moyen Âge n'utilise guère les outils de l'économie politique, s'en tenant plutôt aux faits, sans véritable mise en perspective. Or, « *celui qui s'aventure sur la mer des faits économiques doit se garder d'y rester, d'y sombrer* »[1]. Il faut donc tenter de dompter cette marée infernale des données, moins les individualiser dans le temps court que les saisir dans le temps long.

Si je reprends ici certains textes, extraits de publications antérieures, mais revus et amendés, dans une nouvelle structure, une part importante d'entre eux est inédite, l'ensemble proposé est bien davantage qu'une simple refonte. Il s'agit, pour reprendre des mots d'Orhan Pamuk, de donner « *d'autres couleurs* » à des fragments anciens ou inédits, « *pour former un livre totalement nouveau* »[2], pour consolider mon approche, tant sur le plan méthodologique que pratique, de l'histoire économique.

Ceci n'est pas un livre d'histoire, car les historiens n'ont guère suivi la suggestion de Jean Lejeune, à l'exception de Guy Bois, Fernand Braudel et Immanuel Wallerstein. Est-ce d'ailleurs l'intention de certains médiévistes de collaborer avec les économistes[3] ? Ainsi, en vue d'évaluer, dans la revue

---

[1] J. LEJEUNE, *La formation du capitalisme moderne dans la Principauté de Liège au XVIème siècle*, Liège-Paris, 1939, p. 10.

[2] O. PAMUK, *D'autres couleurs*, Paris, 2009, p. 10.

[3] C'était le souhait de Joseph Schumpeter (The creative response in economic history, *Journal of economic history*, dans J. SCHUMPETER, *Essays on Entrepreneurs, Innovations, Business Cycles and the evolution of Capitalism*, ed. R.V. CLEMENCE, New Brunswick and London, 2008. Léon H. Dupriez, (*Des Mouvements économiques généraux*, Louvain, 1947), déplorait cette absence de dialogue en Belgique, comme le rapporte Pierre Lebrun, historien et économiste (P. LEBRUN, M. BRUWIER, J. DHONT, G. HANSOTTE, *Essai sur la révolution industrielle en Belgique, 1770-1847*, Bruxelles, 1981, p. 59).

Médiévales, un ouvrage provocant de Guy Bois[1], la coordinatrice avait souhaité qu'un juriste et un sociologue donnent leurs points de vue. Elle n'envisageait pas d'associer un économiste, pourtant le premier concerné par la problématique soulevée par l'ouvrage[2].

Ceci n'est pas un livre d'économie. La théorie dominante d'aujourd'hui, la théorie néoclassique, est anhistorique, car la science économique « *est un exercice de raisonnement abstrait* »[3]. La connaissance économique est soumise et réduite à la déduction : « *La théorie régnante ...ignore ou défigure les leçons de l'histoire qui contrarient son système* »[4], comme le signalait déjà Friedrich List au milieu du XIXème siècle. Cette théorie impose aussi un impératif d'équilibre avec une régulation des marchés réalisée par la flexibilité des prix et avec une légitimité assurée par une formalisation mathématique. On peut parler d'un « *ordre du discours* »[5]. Et pour combien de professeurs néoclassiques, il ne faut pas perdre de temps avec l'histoire de la pensée et des faits économiques[6], privilégiant l'efficience, c'est-à-dire le rendement optimal à court terme des matières enseignées, à la formation intellectuelle, c'est-à-dire la capacité d'appréhender globalement et à long terme les problématiques rencontrées. Cela n'était pas suffisant. Il s'agissait, pour la théorie néoclassique, de disqualifier, notamment la théorie hétérodoxe (Kondratieff et Schumpeter), et d'autres (Marx et Keynes). C'est le cas avec *Le négationnisme économique et comment s'en débarrasser*[7] (!), qui affirme que « *l'économie est devenue une science expérimentale* ». Dans un tel contexte, la théorie néoclassique n'est jamais que celle de l'éternel retour du même. C'est une économie statique, même si

---

[1] G. BOIS, *La mutation de l'an mil. Lournand, village du mâconnais, de l'antiquité au féodalisme*, Paris, 1989.

[2] L'an mil. Rythmes et acteurs d'une croissance, *Médiévales*, 21, 1991, p. 8.

[3] L. von MISES, *L'action humaine. Traité d'économie*, Paris, 1985, p. 915.

[4] F. LIST, *Le système national d'économie politique*, Paris, 1998, pp. 85-86.

[5] M. FOUCAULT, *L'ordre du discours*, Paris, 1971.

[6] Attitude dénoncée si judicieusement par A. ORAIN, Quant l'économie oublie les leçons de l'histoire, *Libération* du 3/07/2013.

[7] P. CAHUC et A. ZILBERBERG, *Le négationnisme économique et comment s'en débarrasser*, Paris, 2016.

ce concept n'est pas le plus adéquat, ce qui implique de le commenter : « *L'économie statique n'est pas au repos, le circuit de la vie économique ne cesse de se dérouler ; elle n'est pas vraiment passive, elle ne l'est que dans un certain sens. Elle n'est pas conditionnée absolument par les circonstances, les agents économiques pourraient agir autrement qu'ils ne le font ; enfin elle n'est pas stationnaire ; l'essence de l'économie ne se modifierait pas si, par exemple, la population augmentait constamment* ». L'économie revient à son point de départ, à son point d'équilibre. Or, l'économie devrait-elle se limiter à osciller sur elle-même ? Joseph Schumpeter pointe en 1912 « *des systèmes de prix statiques* » [1]. Dans l'Union européenne, en 2020, on enregistre en tout cas une croissance, une déflation et des salaires rampants, des taux d'intérêts proches de zéro, des investissements insuffisants, un stimulus budgétaire limité[2]. Et une économie mondiale qui aurait tendance à converger vers celle de l'Union.

L'économiste hétérodoxe continuera à privilégier l'induction à la déduction et le mouvement à l'équilibre : « *Ne jamais se rendre est, à propos de tout toujours toute la question* »[3].

Or, l'histoire, l'histoire économique, n'est-elle pas en mouvement ? N'est-ce point ce que suggère Héraclite dès l'aube de la pensée ? Pour Héraclite, « *toutes choses sont en mouvement* ». Ce mobilisme prend la forme d'un « *chemin ascendant et descendant* ». Héraclite met toutefois en exergue l'unité du mouvement, même si on peut le décomposer. Le mouvement est « *un et le même* », mais il ne se déroule jamais de la même façon : « *Tout s'écoule et ne reste jamais pareil* » [4]. Dans le mouvement, reste toujours d'actualité « *le chapitre des bifurcations* » note, au plus profond du désespoir, l'éternel incarcéré Blanqui, ce qui laisse le mobilisme « *toujours ouvert à*

[1] J. SCHUMPETER, *Théorie de l'évolution économique*, Paris, 1983, pp. 76-77.
[2] *Le Monde* du 21 janvier 2020.
[3] BARBEY d'AUREVILY, *Œuvres romanesques complètes*, II, Paris, 1966, p. 12.
[4] HERACLITE, *Fragments*, Paris, 2002, pp. 98 et 115.

l'espérance »[1]. Il conserve toujours une part de liberté. Par ailleurs, le mobilisme héraclitéen n'est-il pas plutôt relatif ? « *On ne peut entrer deux fois dans le même fleuve* »[2] ou, selon une autre traduction, « *on ne se baigne jamais deux fois dans le même fleuve* ». On notera que sa formulation reste obscure. C'est Baudelaire qui, avec sa conception de la modernité, exprime le mieux cette relativité du mobilisme.

Selon Joseph Schumpeter, « *aucun aspect de la nature profonde de l'histoire ne peut être dégagé sans l'appréhender dans la longue durée ... l'étude des cycles économiques requiert ainsi de retenir au minimum une période de 250 ans* »[3]. Je me suis ici inscrit dans cette ligne, avec une dynamique historique fondée sur l'innovation au fil d'un référentiel, le *trend* séculaire. Dans ce contexte, j'ai tenté de donner d'autres couleurs à l'histoire économique du bas Moyen Âge, dans une approche inédite. L'économiste a tenté non de « *suivre un chemin* », comme les médiévistes, mais de « *construire un chemin* »[4], comme un agent économique ou un entrepreneur, avec une « *combinaison* »[5] nouvelle des données du bas Moyen Âge.

Ne faut-il donc pas saisir le mouvement de l'histoire, de l'histoire économique ? Comment l'appréhender ? Linéarité ou « *dynamique discontinue* »[6] ? Une progression linéaire est un mouvement infinitésimal, orienté et inéluctable. La ligne droite en est la meilleure représentation géométrique. La linéarité n'est-elle pas « *négatrice de toutes les ruptures au seul profit d'un équilibre terminal régulateur* », comme le déclare quelque part François Dosse, l'épistémologue de l'historiographie ? La dynamique tente de déceler la force qui engendre le mouvement. La ligne brisée en est la meilleure représentation. N'est-ce pas le

---

[1] A. BLANQUI, *L'éternité par les astres*, Paris, 2002, p. 108.

[2] HERACLITE, *Fragments*, op. cit., pp. 101-102.

[3] J. SCHUMPETER, *Business Cycles. A Theorical, Historical and Statistical Approach of the Capitalist Process*, New-York and London, 1939, p. 220. P. DOCKES, *Le capitalisme et ses rythmes, quatre siècles en perspectives. I. Sous le regard des géants*, Paris, 2017, pp. 14-15.

[4] J. SCHUMPETER, *Théorie de l'évolution économique*, op. cit., p. 121.

[5] Ibidem, p. 95

[6] P. LEBRUN et *alii*, *Essai sur la révolution industrielle en Belgique,* op. cit., p. 56.

neuf qui génère ce mouvement ? Cette dynamique apparaît par à-coups. Elle est donc discontinue. Elle correspond à une suite de ruptures, entrecoupée de longues périodes de calme, toutefois relatif. Pierre Lebrun a judicieusement proposé cette expression comme traduction adéquate d'*Entwicklung*, le concept clef du titre de l'ouvrage de Joseph Schumpeter de 1912[1]. Dans le système schumpétérien, on retiendra l'idée qualitative de développement, fondée sur la rupture engendrée par le neuf. Cette dynamique ne s'apparente-t-elle pas à « *l'évolution créatrice* » d'Henri Bergson, impliquant imprévisibilité, spontanéité et nouveauté, sous la forme d'un « *flot qui monte* » irrésistiblement[2] ? C'est la voie de la rupture que je retiens et qui fonde mon approche, par ailleurs résolument pluridisciplinaire (archéologie, économie politique, histoire, histoire des techniques, philosophie) et, autant que possible, illustrée.

Les vagues sans fin des faits en général, des faits économiques en particulier, doivent être encadrées, pour ne pas y sombrer, et permettre ainsi leur indispensable mise en perspective. Mettre en perspective, n'était-ce point l'idée sous-jacente aux exposés si lumineux du Père Joset, mon professeur d'histoire du Moyen Âge et des Temps modernes à l'Université de Namur ? Et mettre en perspective, c'est adopter un fil conducteur. Ce fil conducteur est un référentiel. Selon Lexis, un référentiel est un ensemble d'éléments formant un système de références et sa mise en perspective. En retenant ce fil conducteur pour l'histoire économique, en rupture avec le conformisme de l'historiographie officielle[3], l'économiste hétérodoxe tente ainsi, mais à sa manière, « *de brosser à contre-sens le poil trop luisant de*

[1] J. SCHUMPETER, *Theorie der wirtschaftlichen Entwicklung*, Leipzig, 1912. La deuxième édition allemande, amputée du chapitre VI de l'ouvrage, paraît en 1926. C'est la deuxième édition qui est traduite en français, sous le titre de *Théorie de l'évolution économique*, Paris, en 1935. L'ouvrage sera bien évidemment référencé sous le titre originel de la traduction, mais dans le texte, je retiens la traduction judicieuse de Pierre Lebrun.

[2] H. BERGSON, *L'évolution créatrice*, Paris, 2006, p. 269.

[3] Avec Immanuel Wallerstein, Fernand Braudel se démarquait de ses collègues et constatait que « *le temps se partage en temporalités diverses et ainsi s'apprivoise* » (*Civilisation matérielle, économie et capitalisme. XVème-XVIIIème siècle*. III. *Le temps du monde*, Paris, 1993, p. 8.

l'histoire »[1]. En économie, un référentiel regroupe des faits dans l'épaisseur de la durée. Dans le déroulement de l'histoire, certains faits ne *sympathisent*-ils pas, pour employer le vocabulaire si subtil d'Henri Bergson[2], dans le contexte du cycle long, le Kondratieff[3] ou très long de l'économie, le *trend* séculaire[4] ? Le Kondratieff imprime sa cadence infernale au *trend* capitaliste, mais ne se décèle guère dans les *trends* séculaires antérieurs (bas Moyen Âge et Temps modernes) à la Révolution industrielle, au rythme plus lent.

Et c'est le neuf, un concept qualitatif, qui provoque une « *rupture* », qui engendre une dynamique ou le « *passage du centre de gravitation donné à un autre* »[5]. Et met ainsi le cycle et l'histoire, en mouvement. Le neuf, en économie, c'est l'innovation. C'est Joseph Schumpeter[6] qui l'expose de la manière la plus adéquate. Innover[7], ce n'est pas inventer, c'est mettre en place de nouvelles combinaisons et les diffuser dans l'espace. L'encadré ci-dessous propose les nouvelles combinaisons retenues par Joseph Schumpeter et les différents types d'innovation. Les innovations n'ont pas le même impact.

---

[1] Je reprends ici des mots si suggestifs de W. BENJAMIN, *Ecrits français*, Paris, 1991, p. 433. Je les utilise toutefois ici pour aller à contre-courant de l'approche communément suivie par l'histoire économique médiévale.

[2] H. BERGSON, *La pensée et le mouvant*, Paris, 2006, p. 181.

[3] N. D. KONDRATIEFF, *Les grands cycles de la conjoncture (1925-1926)*, Paris, 1993. L. SCANDELLA, *Le Kondratieff. Essai de théorie des cycles longs économiques et politiques*. B. TONGLET, Les cycles Kondratieff : une philosophie critique, *Innovations. Cahiers d'économie de l'innovation*, 2004-1, pp. 9-36.

[4] Voir, au sujet du *trend* séculaire, B. TONGLET, *Histoire économique (500-2007). Critique de la méthode*, Paris, 2007, pp. 65-81, et *Le pays mosan. Son évolution économique. Essai sur la dynamique médiévale*, Namur 2011, pp. 48-51 et 123-270.

[5] J. SCHUMPETER *Théorie de l'évolution économique*, op. cit. , p. 93.

[6] Adopter le système schumpétérien ne signifie pas adhérer à la défense du capitalisme par Joseph Schumpeter qui a souvent tendance, à partir de 1932, à considérer « *le capitalisme comme une religion* », pour reprendre une expression de Walter Benjamin : W. BENJAMIN, *Le capitalisme comme religion*, Paris, 2019.

[7] J. SCHUMPETER, *Théorie de l'évolution économique*, Paris, 1983, pp. 94-95, et *Business cycles*, op. cit., p. 101.

Encadré 1 : **L'innovation selon Joseph Schumpeter**

Les nouvelles combinaisons

* Fabrication d'un produit nouveau

* Nouveau processus de production

* Mise en place d'une nouvelle organisation

*Découverte de nouvelles sources de matières premières

*Découverte de nouveaux marchés

Typologie des innovations

Innovations majeures ou révolutionnaires

Innovations induites ou adaptées à d'autres fins

Innovations mineures ou changements continus et progressifs au fil du savoir-faire

---

Seules les innovations majeures[1], qui apparaissent en « *grappes* »[2] et « *par poussées disjointes* »[3], provoquent une rupture et bouleversent en profondeur un ordre économique existant. D'autres, « *induites* »[4], moins importantes, sont des applications des premières à d'autres fins. Certaines enfin ne sont que des améliorations au jour le jour, attribuables à un certain savoir-faire. La multiplication de « *pas infinitésimaux* » n'engendre en aucune manière un bouleversement de l'économie[5]. Celui qui met en place les innovations majeures, c'est l'agent économique (l'entrepreneur schumpétérien après la Révolution industrielle), qui apparaît « *en troupes* », après quelques pionniers[6]. L'agent économique est caractérisé par sa

---

[1] J. SCHUMPETER, *Business cycles*, op. cit. Sa typologie dérive peut-être des idées de Simon Sturtevant, qui distinguait déjà au début du XVIIème siècle les inventions qui reposent sur un principe nouveau et d'autres, qui ne sont que des applications nouvelles d'un principe déjà connu. P. STURTEVANT, *Treatise of Metallica*, cité par P. MANTOUX, *La Révolution industrielle au XVIIIème siècle*, Paris, 1973, p. 291.

[2] J. SCHUMPETER, *Business cycles*, op. cit., p. 101.

[3] J. SCHUMPETER, *Capitalisme, Socialisme et Démocratie*, Paris, 1990, p. 116.

[4] J. SCHUMPETER, *Business cycles*, op. cit., p. 101.

[5] J. SCHUMPETER, The analysis of economic change, dans *Essays*, op. cit., p. 138.

[6] J. SCHUMPETER, *Théorie de l'évolution économique*, op. cit., p. 329.

« *capacité de voir les choses ... à voir en elles une possibilité réelle* » [1]. Il anticipe ainsi les attentes de la société et de l'économie. C'est lui qui va innover, qui va mettre en place l'invention, par à-coups.

Encadré 2 : **Le Kondratieff : une « dynamique endogène »**[2]

En privilégiant le « *choc* » de l'innovation comme le facteur qui déclenche le retournement à la hausse, Joseph Schumpeter mettait en exergue le caractère endogène du mouvement économique. Les trois autres phases sont influencées par d'autres facteurs endogènes : multiplicateur d'investissement, baisse de la demande et stagflation, déflation ou désinflation et « *Destruction Créatrice* ». Les facteurs exogènes (épidémies, guerres, démographie, climat) exercent-ils une influence prépondérante dans cette dynamique ?

Pour ma part, le climat n'influence guère le Kondratieff ou le *trend* séculaire. Et Joseph Schumpeter, Gaston Imbert et Luigi Scandella n'évoquent pas cette question. Mais elle pourrait émerger avec la question du bouleversement climatique aujourd'hui. Toutefois, si les innovations en la matière avaient été retenues en 1992, la problématique actuelle du climat serait moins importante.

Si la peste « *fut un cataclysme* » au Moyen Âge, elle sévit surtout de 1347 à 1349. « *S'il s'agissait de la rendre responsable de la grande dépression, la réponse serait résolument négative* ». En effet, comme on le verra plus loin, le retournement à la baisse du *trend* et la phase de baisse étaient déjà « *engagé(s) depuis longtemps* ». Elle a néanmoins « *prolongé l'asthénie dont souffrait la société occidentale* ». Quant à la guerre de cent ans, elle s'étire entre 1337 et 1453[3], sans lien avec les ruptures qui scandent le *trend.*

Enfin, sur le plan de la démographie, la population est-elle « *un levier de progrès économique* » ? Ce n'est pas le cas pour Joseph Schumpeter, qui opte pour un examen de cette question sous l'angle de la théorie économique. Dans le cadre d'une économie statique, « *si rien d'autre ne se produit qu'une augmentation de la population et de l'offre de travail, alors les caractéristiques fondamentales du système de valeur économique n'en seront que peu affectées* » Mais la croissance de la

---

[1] Ibidem, pp. 121-123.

[2] Je reprends ici une expression pertinente de L. SCANDELLA, *Le Kondratieff,* op. cit., p. 41.

[3] G. BOIS, *La grande dépression médiévale. XIVème-XVème. Le précédent d'une crise systémique.* Paris, 2000, pp. 72-85.

population va engendrer une augmentation des prix des produits de la terre et une diminution des salaires, entraînant les travailleurs dans la spirale de la pauvreté, comme l'indiquait déjà Malthus. En revanche, dans le cadre de la dynamique discontinue, « *le développement crée toujours de nouvelles formes, de nouvelles opportunités d'emploi, de nouvelles offres de biens et la population s'accroit en rapport avec ces possibilités dans les nouvelles formes de l'économie* », ce qui n'exclut pas que cet accroissement de population puisse devenir « *un facteur de développement ultérieur* ». Si le multiplicateur démographique peut être évoqué, il est toutefois possible « *au moins en principe, que l'accroissement de la population est une conséquence et non une cause du développement*[1]. La dynamique du mouvement économique est bien de nature endogène.

Même en l'absence de données chiffrées au bas Moyen Âge[2], l'intuition, cette « *vision directe de l'esprit par l'esprit* », cette « *conscience immédiate* », est en mesure « *de suivre les ondulations du réel* »[3], de déceler le mouvement de l'économie au fil du *trend* séculaire. Ce référentiel, ici le *trend* séculaire, agit comme un véritable *révélateur*, en transformant l'image latente des faits en image visible de la vie économique. On peut parler du caractère herméneutique du référentiel. Il met « *au jour ce qui se ressemble* » et permet « *de faire parler les signes et de découvrir leur sens* »[4].

« *Le trend séculaire est un processus cumulatif* », lent à la hausse comme à la baisse[5]. Le mouvement, concerne tant la

[1] J. SCHUMPETER, Le tableau d'ensemble de l'économie (chapitre 7 de la première édition de la *Théorie de l'évolution économique*), dans C. JAEGER, *Le développement au sens de Schumpeter*, op. cit., pp. 51-54.

[2] Et, au Moyen Âge et aux Temps modernes, il faut en outre tenir compte de l'importance de l'autarcie agraire. On ajoutera que Joseph Schumpeter confronte avant tout les données historiques à son propre système.

[3] H. BERGSON, *La pensée et le mouvant*, op. cit. pp. 26-27.

[4] M. FOUCAULT, *Les mots et les choses. Une archéologie des sciences humaines*, Paris, 1990, p. 44.

[5] F. BRAUDEL, *Civilisation matérielle, économie et capitalisme. XVème-XVIIIème siècle. Le temps du monde*, Paris, 1993, p. 82. La définition est très pertinente. Toutefois, à vrai dire, Fernand Braudel, comme Immanuel Wallerstein (*Le système du monde du XVème siècle à nos jours*, I (1450-1640), Paris, 1980 et II (1600-1750), Paris, 1984), et sans doute Paul Kennedy (*Naissance et déclin des grandes puissances*, Paris, 2004), retient moins le *trend*

production que les prix. La première précède le second[1]. Les deux mouvements sont séparés par des phases de retournement. Le *trend* se décompose en quatre phases, comme le Kondratieff[2] : le retournement à la hausse, le mouvement de hausse, le retournement à la baisse et le mouvement de baisse. Il est possible de déceler quatre *trends* depuis le haut Moyen Âge (dont celui du bas Moyen Âge)[3], avec le graphique proposé dans les conclusions, encadrés par les dates qui découleront de l'analyse.

C'est le choc des grappes d'innovations qui provoquent le retournement à la hausse du *trend*. Le mouvement de hausse est auto-entretenu, via un multiplicateur d'investissement[4]. Au fil de son déroulement, ce mouvement est caractérisé par une inévitable tendance inflationniste[5], *créatrice* d'expansion et de développement. Le retournement à la baisse s'amorce dans un contexte de conflits sociaux et de stagflation[6]. Le mouvement de baisse se manifeste par une déflation ou désinflation[7], auto-entretenue, sous forme d'une contraction de l'activité économique. La déflation ou la désinflation est le mode de régulation classique de la plupart des crises de surproduction. Le mouvement se poursuit avec une « *Destruction Créatrice* », où disparaissent certaines structures économiques anciennes au profit d'éléments neufs, fruits de tâtonnements successifs

---

séculaire, un cycle économique, que le cycle hégémonique, un cycle géoécopolitique.

[1] La demande ranime d'abord la production, avant de stimuler les prix et inversement. Voir aussi L. SCANDELLA, *Le Kondratieff*, op. cit., p. 34.

[2] B. TONGLET, Les cycles Kondratieff : une philosophie critique, op. cit., pp. 9-36, et *La déflation. Qu'en dites-vous Nikolaï Kondratieff ?*, Paris, 2003.

[3] B. TONGLET, *Histoire économique (500-200,* op. cit., pp. 65-81.

[4] Si l'investissement augmente, il engendre des vagues successives de revenus. La consommation qui en découle augmente plus que proportionnellement. L'intensité du processus est fonction de la propension à consommer. Plus la propension est grande, plus l'effet boule de neige est important sur l'investissement, ensuite sur le revenu.

[5] Augmentation graduelle des prix dans un contexte de développement de l'économie.

[6] Le rythme de l'inflation s'emballe, tandis que la production stagne.

[7] La déflation est caractérisée par une baisse durable et généralisée des prix, couplée à une sérieuse contraction de l'activité économique, tandis que la désinflation est un ralentissement de l'inflation.

débouchant sur des inventions. Inventer, c'est déceler, découvrir quelque chose de neuf. Innover, c'est diffuser l'invention. C'est la mise en exploitation d'une invention et sa propagation dans l'espace. Inventer relève de la science et de la technique, innover, de l'économie.

Encadré 3 : **Le système schumpétérien est-il exclusivement lié au *trend* séculaire du capitalisme ?**

Il faut d'abord faire remarquer que Joseph Schumpeter étend, en 1912, la dynamique économique à tout « *le devenir social* » comme proposé au chapitre VII de la première édition de *La Théorie de l'évolution économique*, où il suggère des analogies entre le processus de développement économique et « *d'autres domaines de la vie sociale* »[1]. Ainsi, il indique que « *sur chaque domaine il y a des agents statiques et des leaders* »[2]. Implicitement, mais sans le dire expressément, le leader met en place le neuf dans tous les domaines, ce qui suppose une étape antérieure, celle de la disparition de structures vieillies, celle de la « *Destruction Créatrice* ». Il écarte toutefois « *l'exposé sociologique sur la culture* » de la deuxième édition de la *Théorie de l'évolution économique*, au motif qu'il « *a détourné l'attention du lecteur des arides problèmes de théorie économique* »[3]. Il s'agit de recentrer l'ouvrage, sans pour autant abandonner l'idée.

En effet, il revient, en 1932, dans un article inédit, intitulé *Entwicklung*, *Développement*, sur l'idée de la nouveauté, qui entraîne le changement sous la forme d'une « *rupture … émanant spontanément du système lui-même* » (dynamique endogène). Il définit alors le développement, comme « *le passage d'une norme du système économique à une autre, passage qui ne peut être divisé en pas infinitésimaux* ». Si c'est dans la sphère économique que le neuf est évoqué, Joseph Schumpeter généralise d'une certaine manière son propos avec cette question : « *Comment les individus ... changent-ils d'idée* ... ? Et ce, « *pour chaque champ intellectuel* », *dans tous les domaines des sciences sociales* »[4], ce qui nous ramène, « *par analogie* », à l'ensemble du « *devenir social* » de 1912.

---

[1] J. SCHUMPETER, Le tableau d'ensemble de l'économie, op. cit., p. 100.
[2] Ibidem, p. 105.
[3] J. SCHUMPETER, *Théorie de l'évolution économique*, op. cit., p. X.
[4] J. SCHUMPETER, Développement, dans C. JAEGER, *Le développement au sens de Schumpeter*, op. cit. pp. 115-127.

Dans ces deux textes, il n'est jamais question de balises temporelles. On voit mal comment il en serait autrement. Le neuf, l'agent économique pionnier, la disparition des structures vieillies, ne sont pas attribuables à une seule époque. Ainsi, au bas Moyen Âge, le neuf, comme on le verra, c'est le château à défense resserrée et l'agent économique pionnier de sa diffusion, l'aristocrate. On ne s'étonnera donc pas de privilégier, en histoire économique, un système de pensée diachronique. Seul celui de Joseph Schumpeter, épuré de tout aspect anachronique, est en mesure de répondre à cet objectif.

Une immersion, comme je l'ai fait depuis une quarantaine d'années, dans l'esprit du temps, ici celui du bas Moyen Âge, s'imposait, car, selon Arthur Spiethoff, « *la plupart des phénomènes économiques sont conditionnés par le temps ... Ils peuvent changer au fil des époques et ne peuvent donc pas être traités avec l'aide de concepts et théorèmes qui prétendent être appliqués universellement* »[1]. Les époques qui se succèdent ont chacune leur style. « *L'économiste lui-même est un produit de sa propre époque et de toutes les époques précédentes* »[2], ce qui implique que l'analyse économique doit être imprégnée « *de la relativité historique* »[3]. L'esprit, l'esprit économique, d'une époque, c'est une tension qui détermine l'engagement humain dans cette époque. Werner Sombart et Arthur Spiethoff retiennent des « *styles économiques* », fonction, à chaque époque, de l'esprit ou des motivations qui président à la démarche économique, du type retenu d'organisation de la société et des processus techniques mis en place. Chaque époque insuffle au cycle une vitalité différente[4]. C'est Baudelaire qui,

---

[1] A. SPIETHOFF, The Historical Character of Economic Theories, *The Journal of Economic History*, Printemps 1952, pp. 131-139.
[2] J. SCHUMPETER, *Histoire de l'analyse économique*, I, Paris, 1983, p. 37.
[3] Ibidem, p. 38.
[4] W. SOMBART, *Le bourgeois*, Paris, 1966, pp. 9-15, et *Die drei Nationalökonomie. Geschichte und system der Lehre von der Wirtschaft*, Munchen-Leipzig 1930. A. SPIETHOFF, The Historical Character of Economic Theories, op. cit., pp. 131-139. Voir à ce sujet S. BROYER, Ordnungstheorie et ordolibéralisme : les leçons de la tradition. Du caméralisme à l'ordo libéralisme : ruptures ou continuités, dans *L'ordolibéralisme allemand. Aux sources de l'économie de marché*, dir. P. COMMUM, Cergy-Pontoise, 2003, pp. 90-92, et P. DOCKES, *Le capitalisme et ses rythmes*, I, op. cit., pp. 415-419.

avec sa conception de la modernité, exprime le mieux l'esprit du temps. S'il y a une répétition de phénomènes plus ou moins analogues, chaque époque se déroule selon sa propre dynamique, avec sa part d'« *immuable* » et sa part de « *transitoire* »[1].

Et chaque époque n'aurait-elle pas son propre espace ? « *L'espace est un construit de l'esprit dans lequel se reconnaissent un certain nombre d'humains* ». Cet espace est ici celui de l'ancien monde franc, comme le suggère nombre de références, tout en précisant que mon immersion a privilégié l'espace mosan, dont l'ossature est constituée par la Sambre et la Meuse, un espace cohérent, mis en exergue naguère, en 1930, par Félix Rousseau[2] et auquel j'ai consacré plusieurs ouvrages et articles Toutefois, les références retenues pour sous-tendre mon propos, relèvent des deux espaces (le premier englobe d'ailleurs le second), en fonction des informations disponibles.

Avant d'entrer dans le vif du sujet, je ne peux ici oublier mes Maîtres, Camille Joset, Pierre Lebrun et Jean Raes (Université de Namur), Léon H. Dupriez et Philippe de Woot (Université de Louvain), mais aussi Luigi Scandella, pour vingt ans de complicité autour des cycles économiques, et Jean-Marie Cauchies (Université Saint-Louis de Bruxelles) qui m'a accueilli en 2009 au colloque de Lalaing où j'ai suggéré pour la première fois le rôle économique majeur du château à défense resserrée dans la dynamique discontinue du bas Moyen Âge. Grâce à l'amicale collaboration de Giuseppe Albertoni (Université de Trento) et de Pierre Comiti (Chercheur-Direction du Patrimoine Collectivité de Corse), j'ai pu prendre connaissance de plusieurs travaux relatifs à l'histoire de la métallurgie. Axel Tixhon (Université de Namur) et Luc Maréchal, économiste, n'ont pas ménagé leurs encouragements à la poursuite de mes recherches. Merci aussi à André Goffin et Etienne Beaujean. Je n'oublie pas mes filles Delphine (traduction) et Pauline (infographies), et *last but not least*, mon épouse Oliva (dessins), vivant au jour le jour, avec patience, l'évolution, toujours imprévisible, de la recherche.

---

[1] BAUDELAIRE, OC, II, pp. 685-695.

[2] F. ROUSSEAU, La Meuse et le pays mosan en Belgique : leur importance historique avant le XIIIème siècle, *Annales de la Société archéologique de Namur*, (désormais ASAN), 39, 1930, avec carte.

CHAPITRE I « *DESTRUCTION CREATRICE* » ET RETOURNEMENT A LA HAUSSE AUTOUR DE L'AN MIL

A l'époque carolingienne, l'aristocratie s'adonne à la guerre ou à l'administration des comtés. Au Xème siècle, la déliquescence du pouvoir central et l'insécurité vont entraîner un repositionnement stratégique de l'aristocratie, concrétisé par un repli sur ses terres. L'aristocratie se distingue par « *sa capacité de voir les choses* » et d'anticiper le cours des événements. D'une manière générale, la « *Destruction Créatrice* » se déroule en deux temps, celle du moulin, celle du château[1].

Encadré 4 : **Le moulin**

Il ne s'agit surtout pas d'écarter le moulin. Le moulin est une innovation majeure qui connaît une diffusion non négligeable, mais limitée aux domaines ecclésiastiques entre 800 et 950[2], Abbayes et chapitres de chanoines poursuivent essentiellement une économie moins autarcique que stable, veillant chaque année à la reproduction de l'état de l'année antérieure et à se prémunir contre les mauvaises récoltes[3]. Moines et chanoines ne sont pas de véritables agents économiques. Le processus de retournement à la hausse, au lieu de s'enclencher, reste plutôt en suspens. Ne faut-il pas aussi tenir compte du climat d'insécurité généralisée qui règne entre 850 et 950, avec les invasions normandes et hongroises[4] ? Un tel contexte d'insécurité entraîne un repli sur soi et n'est pas propice au changement. Pour ma part, une diffusion généralisée apparaît entre 950 et 1100, sous l'action

[1] B. TONGLET, *Le pays mosan. Son évolution économique (450-1460). Essai sur la dynamique médiévale,* Namur, 2011, pp. 123-124.
[2] E. CHAMPION, *Moulins et meuniers carolingiens dans les polyptyques entre Loire et Rhin*, Saint-Etienne, 1996.
[3] E. RENARD, La gestion des domaines d'abbaye aux VIII-Xème siècles. Notions de base et conseils pour une meilleure compréhension des sources, *De la Meuse à l'Ardenne*, 1999, pp. 115-150.
[4] A. D'HAENENS, Les incursions hongroises dans l'espace belge (954 - 955). Histoire ou historiographie ?, *Cahiers de Civilisation médiévale*, 4/4, 1961, pp. 423-440 et *Les invasions normandes en Belgique au IXème siècle. Le phénomène et sa répercussion dans l'historiographie*, Louvain, 1967.

de l'aristocratie enracinée qui érigent leurs châteaux et équipent leurs domaines de moulins dans le cadre d'une nouvelle gestion, castrale.

La « *Destruction Créatrice* » à la fin du haut Moyen âge

1. Rupture topographique : du vieux centre domanial au site défensif

L'aristocratie déserte les vieux centres des domaines où elle s'enracine. Selon Pierre-Yves Laffont, « *La carte de répartition des* castra *correspond pour l'essentiel à la carte de l'occupation des sols aux Xème-XIème siècles. Les déplacements de population ont lieu sur de courtes distances au sein d'anciennes* villae », avec « *l'usage maximal des potentialités du relief* ».[1]. J'ai répertorié et commenté une trentaine de cas en pays mosan[2].

Figure 1: **Topographie de Florennes**

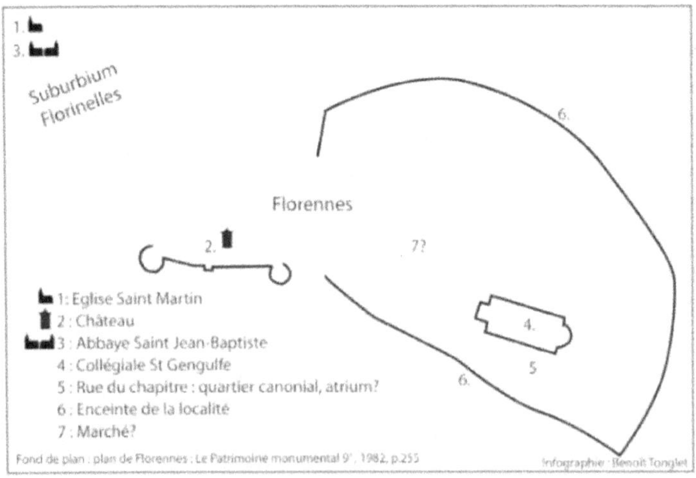

---

[1] P. Y. LAFFONT, Naissance et premier essor des agglomérations d'origine castrale dans la moyenne vallée du Rhône (XIème-XIIIème siècle, dans *Des villes à l'ombre du château. Naissance et essor des agglomérations castrales en France au Moyen Âge*, sous la Direction de A. CHEDEVILLE et D. PICHOT, Rennes, 2010, p. 127.

[2] B. TONGLET, Châteaux et ruptures castrales autour de l'an mil. Postulation ou réalité en pays mosan ?, s. l, 2011, pp. 37-47.

Je citerai un exemple, celui de Florennes. Le centre de la paroisse et le lieu de pouvoir du domaine sont, topographiquement, situé à Florinelles, un toponyme qui disparaît vers la fin du XIIème siècle. Un certain Godefroid exerce temporairement la fonction comtale en Hainaut vers 958. Après cet épisode, Godefroid ou son fils Arnoul s'enracine à Florennes et érige, avant la fin du Xème siècle, à l'écart du centre domanial primitif, un château sur un promontoire, un site plus propice à une défense resserrée. Un mur entoure une haute tour, une chapelle et probablement une *aula*. La famille adopte le nom du toponyme où est érigé le château, *Florinas*[1].

2. **Rupture architecturale : le château à défense resserrée**

Au haut Moyen Âge, la sécurité est assurée par des sites de hauteur, protégés par des escarpements naturels et des enceintes en divers matériaux (terre, pierre) aux périodes de troubles. Ces forteresses avaient un caractère public. On citera deux sites mosans, occupés sporadiquement, en cas de danger, celui de Chèvremont (milieu VIIIème-fin Xème siècle) et Jemelle (fin IXème-milieu Xème siècle)[2].

Les familles sont enracinées. Toutefois les vieux centres de commandement ne sont pas fortifiés. Par ailleurs, les forteresses publiques carolingiennes, trop vastes, ouvertes à toute la population et occupées en cas de danger, ne peuvent pas s'adapter au désir d'individuation d'une famille aristocratique repliée sur ses terres. Les familles privilégient alors un site de hauteur, naturel ou artificiel (motte), le plus propice à assurer une visibilité de leur pouvoir et une défense resserrée, sous la forme d'une tour, avec une enceinte à périmètre restreint, protégeant cette tour, située dans la haute-cour et les autres bâtiments, situés

---

[1] B. TONGLET, *Familles aristocratiques mosanes et Théorie économique et politique de la seigneurie castrale. 950-1200. Essai de sociologie historique*, Préface d'Axel Tixhon, professeur d'histoire contemporaine, Université de Namur, s. l., pp. 71-92.

[2] G. COURA et J.-M LEOTARD, Chèvremont, tour à tour défense et menace pour Liège, dans *Le patrimoine militaire de Wallonie*, sous la direction de V. DEJARDIN et J. MAQUET, Namur, 2007, pp. 94-97. P. MIGNOT, Jemelle. Le « Vieux Château », dans *Le patrimoine militaire de Wallonie*, op. cit. pp. 250-251.

dans la basse-cour. Plusieurs sites, selon des cheminements divers, trahissent les tâtonnements relatifs au resserrement de la défense. Entre la forteresse-refuge du haut Moyen Âge et le château de l'an mil, divers modèles intermédiaires sont apparus au cours du Xème siècle. Parmi d'autres (Andone, Charavines, Doué-la-Fontaine, Mayenne, Niozelles, en France, Sugny, en pays mosan), je vais retenir quelques cas français et mosans particulièrement bien documentés :

a. *Le Thier d'Olne : milieu VIIème-fin Xème siècle*

Il est situé sur un plateau dominant la Meuse, entre Huy et Liège. C'est le port d'attache d'une famille aristocratique, probablement la même, de l'époque mérovingienne jusqu'à la fin du XIème siècle. Le terme de port permet de caractériser l'aristocratie nomade du haut Moyen Âge. La famille s'enracine-t-elle déjà, au milieu du VIIème siècle, ou s'agit-il d'un domaine, parmi d'autres, possédé par cette famille ? A cette époque, elle érige, au Thier d'Olne, un édifice à usage d'habitation, des silos et un mausolée (nécropole familiale). Un siècle plus tard, l'édifice à usage d'habitation est remplacé par une maison seigneuriale, le mausolée, par un petit édifice religieux, conservant un rôle funéraire. Cet habitat aristocratique est sans défense. Au début du IXème siècle, la famille érige un complexe palatial en pierre, protégé probablement par un mur, avec une *aula*, et une *ecclesia* à usage paroissial. A l'extérieur, un enclos, d'une superficie de 5 ha, entouré d'une palissade, regroupe un grenier et un bâtiment non identifié. La défense, rudimentaire, ne correspond pas à un point fortifié à défense resserrée qui apparaît autour de l'an mil. A la fin du Xème siècle, le complexe est abandonné, l'église paroissiale est transférée à Hermalle, et un pôle castral est implanté sur le rocher proche d'Engihoul, semble-t-il, par la même famille. Werry est mentionné en 1062. Il fait élection de sépulture à l'abbaye d'Hastière, entre Dinant et Givet, pour être inhumé à coté de ses ancêtres. Le fondateur de cette abbaye, en 912/915, le comte Widric y avait fait lui aussi élection de sépulture. Widric est sans doute l'ancêtre de Werry.

Similitude de prénoms et élection de sépulture tendent à justifier le lien familial[1].

b. *Teulet*

Il s'agit d'une *villa cum turre*, située entre Agde, Lodève et Béziers. La tour rectangulaire (8,50 m sur 6), « *chemisée et fossoyée* », érigée vers 950 et citée en 978, appartenait à une famille aristocratique. Elle est implantée sur un tertre semi-artificiel, au sommet d'une colline. Isolée, par rapport à la *villa*, ce n'est pas un habitat seigneurial fortifié, occupé de manière permanente, mais une tour « *de contrôle et de garde* ». « *La tour de Teulet correspond à l'une des premières initiatives de fortification post-carolingienne* ». Elle pourrait aussi « *désigner l'implantation d'un pouvoir rival aux intérêts vicomtaux* ». Il n'est pas étonnant que « *l'installation de cette tour n'a semble-t-il pas eu d'incidence sur l'organisation de l'habitat paysan* ». En 1036, est cité, dans le même terroir, le *castellum quem vocant Poto de Inglino*. Inglino possédait la *villa* de l'Estang-Piperelle, un alleu situé au pied de ce *castellum*. La rupture se présentait de la manière suivante : « *La tour du Xème siècle s'inscrivait dans le cadre d'une villa et se définissait par rapport à ce seul cadre. Le castellum du XIème siècle, en revanche, éclipse le toponyme de la villa préexistante (Romolanicus), récupère un élément de sa toponymie et s'arroge le nom de son fondateur pour s'affirmer clairement comme un centre seigneurial* »[2].

c. *Waha : premier quart du Xème siècle*

A la fin du VIIIème siècle, une partie de la famille de Waha s'installe dans un de ses domaines. Mais rapidement, à l'exception du siège de la paroisse primitive, le vieux centre de

---

[1] J. WITVROUW et G. GAVA, Un complexe palatial du Haut Moyen Âge. Le Thier d'Olne à Engis, dans *Actes des VIIème Congrès des cercles francophones d'histoire et d'archéologie de Belgique et LIVème Congrès de la fédération des cercles d'archéologie et d'histoire de Belgique (2004)*, 2007, pp. 309-324. G. DESPY, *Les chartes de l'abbaye de Waulsort. Etude diplomatique et critique*, Bruxelles I, p. 338.

[2] L. SCHNEIDER, Habitat et genèse villageoise du haut Moyen Âge. L'exemple d'un terroir du biterrois nord-oriental, *Archéologie du midi médiéval*, 10, 1992, pp. 14-18.

commandement du domaine est délaissé au profit d'une petite éminence qui le domine. La famille érige un édifice en pierre, une *aula*, citée en 934. Entouré peut-être d'une palissade en bois, n'est-ce toutefois pas davantage ? Les historiens de l'architecture évoquent une substructure carrée en pierre collée à la façade de l'*aula*, d'une hauteur de 3 mètres, datée du Xème siècle. Ne serait-elle pas complétée par une superstructure en bois ? Ne s'agirait-il pas déjà d'une tour ? Dans une telle hypothèse, on est en présence d'un point plus ou moins fortifié à défense resserrée. Au milieu du XIème siècle, on adjoint au complexe une chapelle castrale, qualifiée d'*oratorium*. Au début du XIIIème siècle, les terres de la famille et l'édifice sont dans les mains de l'abbaye de Saint-Hubert. L'édifice est transformé en église. La chapelle castrale en devient le chœur, comme à Mornac-sur-Seudre (Poitou-Charentes)[1].

Figure 2 : **L'habitat fortifié de Waha**

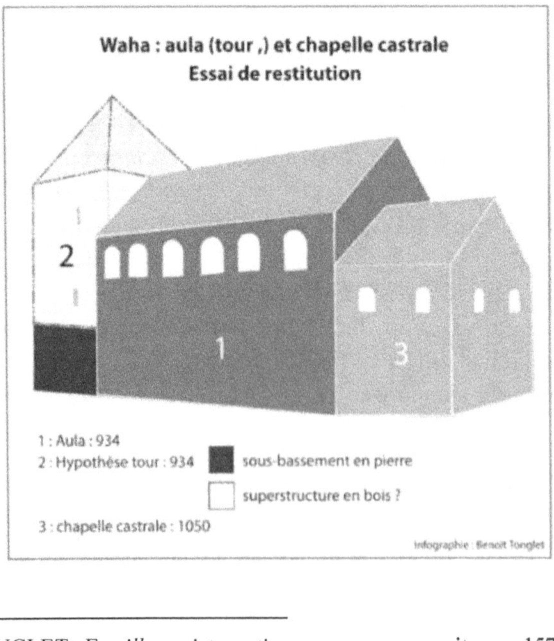

[1] B. TONGLET, *Familles aristocratiques mosanes*, op. cit.. pp. 157-173. Sur Mornac-sur-Seudre, voir M.-P. BAUDRY, *Châteaux « romans » en Poitou-Charentes. Xème-XIIème siècles*, La Crèche, 2011, p. 180.

Le retournement à la hausse

1. L'innovation du château à défense resserrée et l'aristocratie

A partir du début du Xème siècle, ce sont les aristocrates qui sont les véritables agents économiques de la « *Destruction Créatrice* », entraînant la disparition des structures vieillies de la société et de l'économie. L'innovation du château à défense resserrée va servir de point d'ancrage de l'aristocratie enracinée sur ses terres. J'ai adopté ici le modèle, épuré de toute forme d'anachronisme, de Joseph Schumpeter : « *Destruction Créatrice* » (forteresse-refuge, habitat aristocratique ouvert, système domanial en voie d'essoufflement), apparition de l'agent du changement (aristocratie) « *en essaims* »[1], qui met en place, par « *grappes* »[2], l'innovation du château à défense resserrée, entraînant la mise en place d'une nouvelle gestion de la seigneurie. Elle est fondée moins sur la terre et ses fruits que sur le point fortifié édifié sur le site le plus propice de la seigneurie, source d'une nouvelle stratégie économique aristocratique. La diffusion est d'abord assurée par des aristocrates pionniers, puis généralisée. Selon Thomas N. Bisson, « *des constellations de châteaux échappant au contrôle princier surgirent en grappes* »[3]. Il compare même, *mutatis mutandis*, la diffusion du château au XIème siècle, à celui d'industrialisation, au cours des XVIIIème et XIXème siècles[4]. Il faut nuancer le propos : le choc du neuf autour de l'an mil est moins intense, mais entraîne bien le retournement du *trend* et la phase de hausse du bas Moyen Âge. Je citerai deux exemples régionaux qui illustrent la diffusion importante du château à défense resserrée entre 950 et 1100. Pierre-Yves Laffont a répertorié, en Vivarais, 47 sites castraux pour la période qui s'étend entre 950 et 1100[5]. On

---

[1] J. SCHUMPETER, *Théorie de l'évolution économique*, op. cit., p. 371.
[2] J. SCHUMPETER, *Business cycles*, op. cit., pp. 87-101.
[3] Thomas N. Bisson emploie le même terme, sans faire référence à Schumpeter : T. N. BISSON, *La crise du XIIème siècle. Pouvoir et seigneurie à l'aube du gouvernement européen*, Paris, 2014, p. 84.
[4] Ibidem, p. 61.
[5] P.-Y. LAFFONT, Châteaux du Vivarais. Pouvoirs et peuplement en France méridionale du haut Moyen Âge au XIIIème siècle, Rennes, 2009 p. 129.

relève en pays mosan, une dizaine de châteaux qui appartiennent essentiellement à l'évêque de Liège, aux comtes de Namur et de Chiny et 22 châteaux qui sont dans les mains de l'aristocratie, entre 950 et 1100, soit au moins 32 sites :

Encadré 5 : Points fortifiés de l'aristocratie mosane avant 1100[1]

Familles	1	2	3	4	5
Atrive	1016	1189	-	1188	1159
Barse	-	1232	XIème	1398	1013
Chimay	1028	1119	1000	1093 ?	Avant 1070
Clermont	1062	1062	-	1095	-
Cons	-	1129	-	1088	1095
Dave	1067	-	1050/fin XIème	-	-
Faing	1050	1070	Fin Xème	1070	981
Falmagne	946 ?	1091	-	1091	-
Florennes	1000	1000	-	1033	1091
Han	1028	1208	-	1083	-
Hubinne	1028	1329	-	1418	1231
Moha	1044	1255	?	-	-
Montaigu	1050	1086	Fin XIème	1064	1043
Mozet	1125	1478	1000/1100	1101-1163	Fin XIème
Orchimont	1000	1213	-	1162	1066
Revogne	1067	1067	-	1241	-
Thynes	1018	1155	Fin XIème	1374	1238
Verenne	1033	1345	-	-	-
Vierves	1066	1314	-	1066	1066
Waha	-	934 ?	Xème	-	1103
Walcourt	1026	1155	-	1026	-
Wierde	1103	1375	Fin XIème	1127	-

Colonne 1 : adoption, par la famille, du toponyme du château (sources écrites). Colonne 2 : première mention du château (sources écrites). Colonne 3 : datation des points fortifiés, selon l'analyse du bâti, de l'archéologie ou de l'analogie. Colonne 4 : mentions : ban, mauvaises coutumes, exercice de la justice, droits prélevés sur le commerce, marché ou trafic, fluvial ou routier, des marchandises. Colonne 5 : mentions : avouerie (hors donation avec rétention d'avouerie).

---

[1] B. TONGLET, *Châteaux et ruptures castrales autour de l'an mil*, op. cit., pp. 15-21, avec toutes les références.

2. **La seigneurie autonome**

a. *Le symbole de la domination et «* l'œil du pouvoir *» : le château*[1]

Les espaces politiques évoluent au gré des forces centripètes et des forces centrifuges. A la fin du Xème siècle, apparaissent des espaces nouveaux, des principautés, héritées des anciens comtés carolingiens, mais aussi des territoires autonomes, souvent localisés à leur périphérie, territoires constitués autour d'un point fortifié qui assure leur indépendance (comté) ou leur autonomie (seigneurie castrale). Dans le contexte d'insécurité et de déliquescence du pouvoir central, le pouvoir s'atomise selon un processus d'individuation, avec la mainmise, sur le plan local, des droits régaliens (droit de fortification, ban, exercice de la justice ...). Le point fortifié permet à l'aristocratie d'exercer un rapport de force local. Il constitue le point d'ancrage d'une nouvelle entité politique autonome, la seigneurie castrale. La tour joue le « *rôle de marqueur* »[2] du pouvoir dans le paysage médiéval à partir de l'an mil. Comment se présente ce point fortifié et resserré, « *le signe visible de l'autorité du maître* »[3] ?

A Falmagne, la famille a érigé, autour de l'an mil, un complexe castral sur un rebord de plateau. Il est décrit dans deux chartes de l'abbaye de Waulsort[4] : il comprend une basse-cour, à l'abri d'un retranchement, fossés et/ou palissades, avec des bâtiments d'exploitation agricole, *curtem muro circumseptam*, la haute cour, avec une tour, *turris*, probablement en pierre, entourée d'un mur circulaire, une collégiale, desservie par quatre chanoines, une maison, en bon état, mais délabrée à l'intérieur, ainsi, qu'une autre maison, en pierre, située à proximité, en contrebas des autres édifices, *ecclesie,... atrium,... quatuor clericos... turrim*

---

[1] M. FOUCAULT, *Dits et écrits*, III, Paris, 1994, pp. 190-207. Je reprends ici, le titre d'un entretien accordé par Michel Foucault en guise de préface au livre célèbre de J. BENTHAM, *Le Panopticon*, Paris, 1977.

[2] R. LITOUX et G. CARRE, *Manoirs médiévaux. Maisons habitées, fortifiées*, Paris, 2008, p. 60.

[3] J. GARDELLES, *Le château. Expression du monde féodal*, Tome IV de *Châteaux et Guerriers de la France au Moyen Âge, Strasbourg*, 1980, p. 222.

[4] G. DESPY, *Les chartes de l'abbaye de Waulsort. Etude diplomatique et édition critique*, Bruxelles, 1957, pp. 375-381.

... ambitum muralem et domus interius diruta sed usui commoda aptas,... iuxta vel infra, domum lapideam.

Figure 3 : **Le complexe castral de Falmagne. Essai de restitution libre**

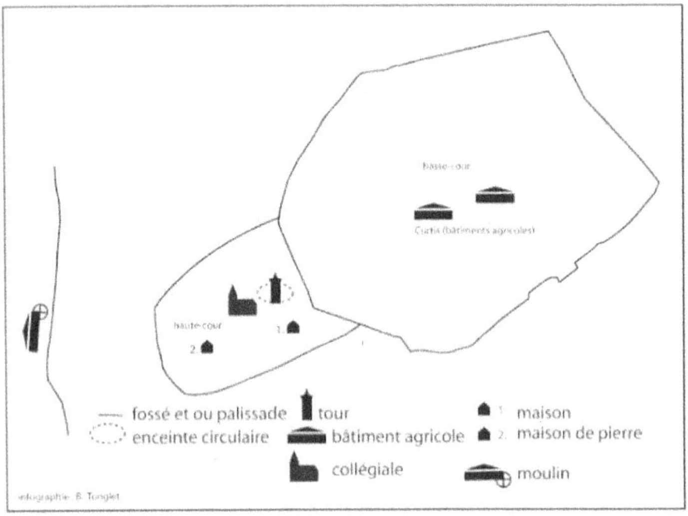

Le point fortifié exploite le génie du lieu du site le plus propice du domaine aristocratique. Il instrumentalise le relief pour mettre en scène la domination. C'est le cas de Thynes[1]. La tour, érigée sur le rebord d'un plateau, est le signe du nouveau pouvoir, atomisé et localisé, le symbole de la puissance et des nouveaux droits dont s'est emparé le seigneur. Une chapelle est située sur une première terrasse, en dessous de la tour. Le bourg est cité tardivement en 1374. Le seigneur n'aurait-il pas rassemblé quelques familles de sa terre sur une autre terrasse, en dessous de la chapelle ? Les stigmates de cette instrumentalisation sont toujours visibles. Le bouleversement de la hiérarchie du schéma

[1] B. TONGLET, La famille aristocratique de Thynes. Une révision. Essai de sociologie castrale, *Les Echos de Crèvecoeur*, 36, 2012, pp. 38-70.

des trois ordres (ceux qui prient, ceux qui combattent et ceux qui travaillent)[1] pourrait être évoqué.

Figure 4 : **Scénographie de la domination : le cas de Thynes Dessin : O. Comuzzi**

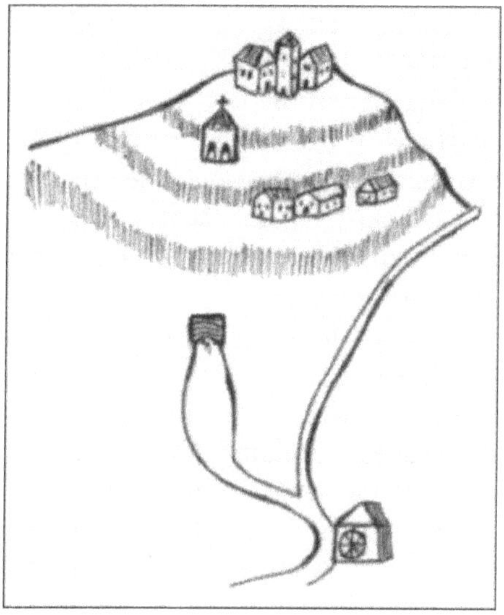

b. *L'espace de l'autonomie : le détroit du château*

Chaque seigneurie foncière se double d'une seigneurie castrale, née d'une appropriation d'une bonne partie des droits régaliens. L'encellulement consiste en une intégration totale des hommes à la seigneurie : « *Tous les hommes sont pris dans les mailles d'un tissu de seigneuries. Il s'agit, en effet, d'une prise en mains des hommes jusqu'alors dispersés, d'un contrôle économique de leur travail, d'une pesée sociale et morale exercée sur leurs*

[1] D. IOGNA-PRAT, Le baptême du schéma des trois ordres fonctionnels. L'apport de l'école d'Auxerre dans la seconde moitié du IXème s, *Annales ESC*, 1986, pp. 101-126. ADALBERON DE LAON, *Poème au roi Robert*, éd. C. CAROZZI, Paris, 1979. G. DUBY, *Les trois ordres ou l'imaginaire du féodalisme*, Paris, 1978.

usages »[1]. En Italie, l'*incastellamento*[2] est caractérisé par un regroupement de l'habitat sur un site perché, sous l'impulsion autoritaire du seigneur, couronné par la *rocca* et la structuration, autour du site, de la production agricole en quatre zones de moins en moins intensives : jardins et vergers, puis céréales et autres cultures, fonds de vallées humides, voués aux prairies naturelles, confins plus ou moins incultes, ce qui constitue un *territorium castri* et un « *écosystème castral* ». Toutefois, il faut tenir compte de la configuration du terrain et des ressources naturelles de chaque seigneurie. En pays mosan, l'encellulement (bourg castral) et l'écosystème castral dérivent du profil « physique » de la seigneurie. Le bourg castral peut être défini comme un regroupement de l'habitat, au moins partiel, au pied du château, comme probablement à Thynes[3].

A Faing, il n'y a pas de regroupement de l'habitat. Le cœur singulier de la seigneurie mérite d'être analysé (voir Figure 5). Sur la rive gauche de la Meuse, la Biert et le Flavion structurent la seigneurie. Le château de Faing, situé sur un éperon rocheux, est mentionné au XIème siècle. Il remontait au moins à 981, car Thierry I est déjà avoué de l'abbaye de Waulsort. La famille y réside de 950 à 1216 et contrôle le trafic fluvial, d'Hastière à Anseremme, avec le Château-Thierry, érigé vers 1160. Un document de 1216 (vente des terres de la famille au comte de Namur), décrit la réserve, un autre de 1289 (fiefs accordés par le comte à une autre famille), permettent de décrire le cœur de la seigneurie et l'écosystème castral[4].

---

[1] R. FOSSIER, *Enfance de l'Europe. Aspects économiques et sociaux*. I. *L'homme et son espace*, Paris, 1982, p. 289.

[2] P. TOUBERT, *Les structures du Latium médiéval*, Rome 1973.

[3] B. TONGLET, *Familles aristocratiques mosanes*, op. cit., pp. 139-140, et La famille aristocratique de Thynes, op. cit. pp. 61-62.

[4] de REIFFENBERG, *Monument pour servir à l'histoire des provinces de Namur, de Hainaut et de Luxembourg*, I, Bruxelles, 1844., pp. 8-9, 44-45 et 199-200. D.-D. BROUWERS, *Chartes et règlements*, II, op. cit., p. 4. E. del Marmol, Situation du lieu-dit Manneres cité dans d'anciennes chartes, ASAN, 11, 1870-1871, pp. 480-484. B. TONGLET, *La seigneurie indépendante. XIème-XIIème siècle*, Namur, 1992, pp. 63-81, et *Une famille aristocratique en forêt de Biert. Les Faing. Une révision*, Namur, 2016.

Figure 5 : **Possessions des Faing vers l'an mil**

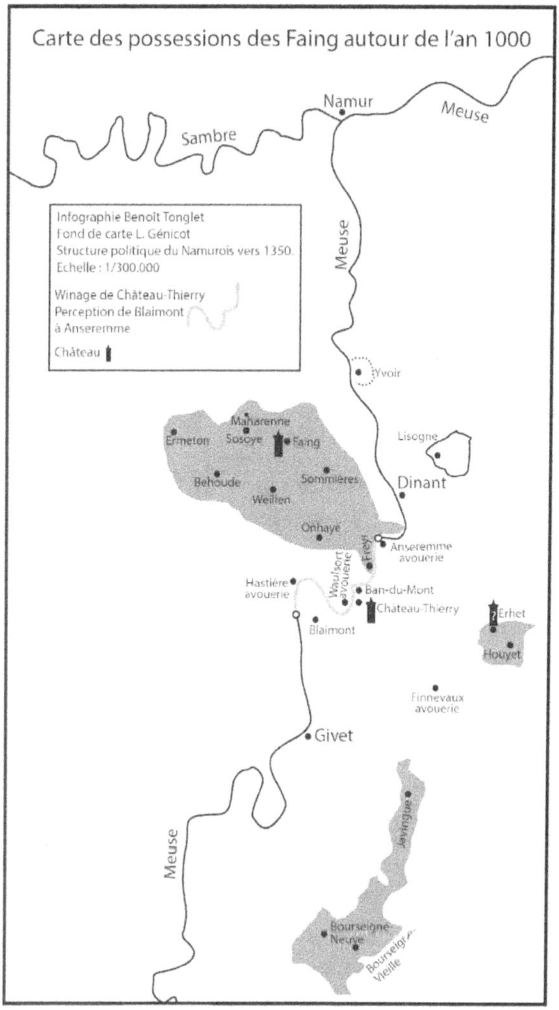

* Le rocher de Faing et le château : *rupem de Faing, domum, Monteglelez chastel*, le château situé sur le rocher de Faing.
* Le bois qui entoure le rocher et le château : *nemus quod est circa domum*, soit les bois situés au nord-est de l'éperon ; la réserve de chasse, la *foresta*, situé au sud du rocher. Le document

distingue donc le bois, *nemus*, situé au nord-est du rocher, la *foresta*, soit la héronnière située à gauche du rocher, et la réserve de chasse, situé à droite du même rocher, et les *aisimenta in aliis nemoribus*, les aisances accordées aux habitants dans d'autres bois de la forêt de Biert ;
* Deux exploitations agricoles, Montaigle-la-Ville, situées sur la rive droite du Flavion, et *Manneres*, sur la rive gauche, clairière probablement située entre Falaën et le moulin des Hayettes, au lieu-dit *Mnère*, localisé entre la réserve de chasse de la Héronnière et le Flavion : *villas meas Montaigle et Manneres* ; le moulin banal des Hailletes : *molendinum de Hailletes*.
* Leurs appendices : *cum omnis appenditiis*. On peut peut-être rattacher à ces appendices le pré situé entre la Biert et l'éperon rocheux, dont une partie servira à constituer la nouvelle basse-cour du XVème siècle.

Figure 6 : **Carte du cœur de la seigneurie conception B. Tonglet**

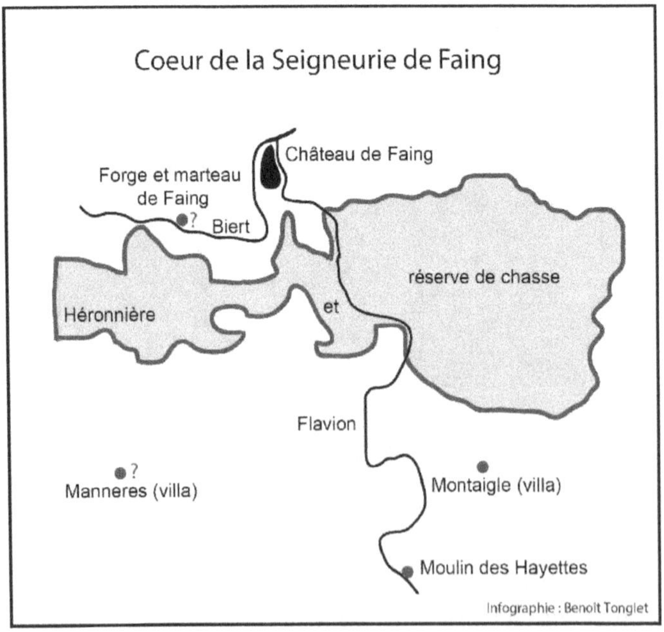

L'encellulement élargi correspond à ce qu'on pourrait appeler le détroit, le *districtus*, du château, qui délimite le ressort du pouvoir et de la protection. Avec la seigneurie banale, l'aristocratie étend son pouvoir au-delà de ses alleux. Dans la région de Coucy, un document distingue, en 1148, domaine foncier et territoire castral, *terram suam* et *districtum suum*[1].

Ce regroupement entraîne, plus tard, sa mise à l'abri avec la construction d'une enceinte (Revogne -Figure 7- et Rochefort).

Figure 7 : **Topographie castrale de Revogne**
E. Nemery, Revogne, op. cit.

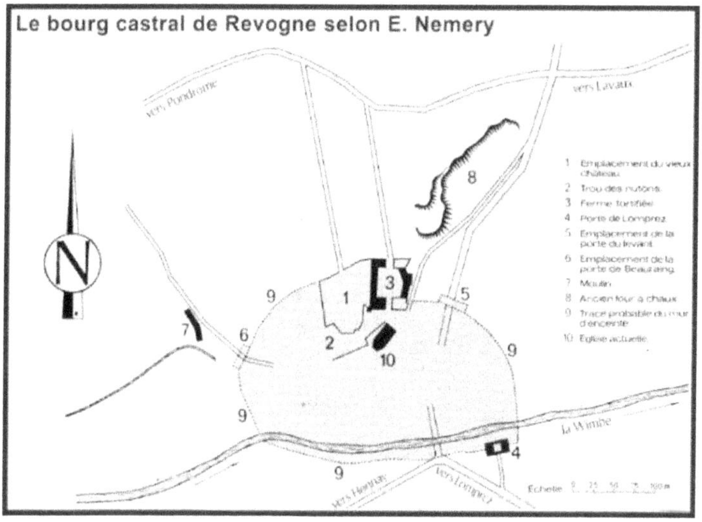

Reste à délimiter l'espace soumis au ban. Le détroit du château correspond au rayon d'action du château, à l'impact psychologique du pouvoir seigneurial, concrétisé par le symbolisme de la hauteur[2]. Et le pouvoir du maître est visible de loin. Deux textes, relatifs à des domaines ecclésiastiques (Entre-

[1] D. BARTHELEMY, *Les deux âges de la seigneurie banale. Coucy. XIème-XIIIème siècle*, Paris, 2000, p. 170.
[2] L-F. GENICOT, Introduction, dans le *Grand Livre des Châteaux en Belgique*, Bruxelles, 1975, p. 18.

Sambre-et-Meuse), évoquent la délimitation du *praecinctura*, les limites de la seigneurie banale. Le premier décrit un arpentage dans la région de Fosses, avec la déambulation de l'avoué et des jurés autour des limites de la seigneurie : *ut advocatia loca quae fore sui juris aestimabat, perumbularet*. Le deuxième livre une liste des jurés qui fixent le périmètre de la seigneurie de Romerée (abbaye de Brogne)[1]. Les avoués ont appliqué à la seigneurie ecclésiastique les méthodes utilisées pour délimiter leurs propres seigneuries banales. On est au-delà du domaine seigneurial. *Luft macht eigen* : de nouveaux droits sont imposés par ceux qui sont les propriétaires de l'air à ceux qui le respirent : « *Dans une société où émerge la seigneurie banale, affirmer les bornes de son pouvoir devient crucial* »[2].

A Merle (Limousin), dans la seconde moitié XIIIème siècle, les limites sont déterminées par les *los dex* de Merle[3]. Le *dex* prend son origine dans le *decus* romain, qui peut signifier borne ou frontière. Au XIIIème siècle, « *dex articule espace et pouvoir* », soit la spatialisation ou le territoire du pouvoir. A Merle, les limites de la seigneurie sont concrétisées par les *costes* ou versants qui bornent le territoire de la seigneurie[4]. Dans l'espace ainsi délimité, un rapport de force est exercé sur le plan local, entraînant la création d'un espace aristocratique autonome.

---

[1] J.-P. DEVROEY et A. DIERKENS, 1984. L'avouerie dans l'Entre-Sambre-et-Meuse au haut Moyen Âge, dans *L'avouerie en Lotharingie*, *Publications de la Société d'Histoire de l'Institut Grand-Ducal de Luxembourg*, 98, 1984, p. 69 et documents, pp. 75 et 82. J.-P. Devroey Documents inédits de l'abbaye de Brogne au XIème siècle, *Bulletin de la Commission royale d'Histoire*, 148, 1982, pp. 224-225.

[2] J. P. DEVROEY et A. DIERKENS, L'avouerie dans l'Entre-Sambre-et-Meuse au Haut Moyen Âge, op. cit. p. 69.

[3] C. REMY, *Seigneuries et Châteaux forts en Limousin.* 1, Limoges, 2006, p. 41.

[4] M. MOUSNIER et P.-H. BILLY, Dura lex sed dex. De la borne au territoire, variations sur le dex du XIIème au XVème siècle, dans *Les territoires du médiéviste*, sous la dir. de B. CURSENTE et M. MOUSNIER, Rennes, 2005, pp. 237-268.

c. *Les indices de l'autonomie*[1]

* Détentions de châteaux et intégration des seigneuries dans les principautés

Trois chartes, datées de 1154 et 1155, énumèrent les possessions des évêques de Liège. Elles répertorient trente-trois châteaux. Ils ne sont pas tous possédés « *en pleine propriété* », comme le soutient l'historiographie liégeoise. Toutefois, Jean Lejeune s'inquiétait, en 1958, de l'authenticité de ces trois chartes. Qu'en est-il réellement ? L'évêque de Liège détient dix-sept châteaux, trois châteaux appartiennent à d'autres familles comtales (Agimont, Duras, Rolduc), et le solde (treize châteaux : Agimont, Chaumont-Gistoux, Clermont, Duras, Florennes, Hierges, Loverval, Merlemont, Rochefort, Sautour, Trognée, Thynes et Walcourt), est dans les mains de l'aristocratie. Cependant l'aristocratie ne peut éviter de s'intégrer à une principauté, mais ne renonce toutefois pas à son autonomie. Elle n'hésite pas à entrer dans la mouvance d'une autre principauté (Florennes et Mozet). Elle apparait aussi dans l'entourage de plusieurs princes. Comte de Namur, comte de Hainaut et évêque de Liège n'obtiennent au mieux que la concession de la *securitas* (engagement moral de ne pas « rendre » le château à un autre dynaste). En 1188, le comte de Hainaut impose *securitas* et *fidelitas* aux nobles namurois et hennuyers. Mais ce n'est qu'une déclaration de principe, non d'une « *photographie* »[2] d'une réalité fort éloignée du « modèle » idéal souhaité. Vers la fin du XIIème siècle, l'aristocratie accorde l'hommage-lige, pour leur château, à un dynaste, sans se priver de le concéder à d'autres (Cons, Rochefort, Thynes).

* Contrôle des eaux

Avant le Traité de Dinant de 1199, le comte de Namur prétendait contrôler toutes les eaux et, notamment celles de la Meuse, depuis « *la saulx de Revin jusqu'au peuplier d'Andenne* ». C'est, comme le rappelle le chanoine Roland, entre ces deux lieux que se situait le vieux comté de Lomme. Cette souveraineté faisait

---

[1] B. TONGLET, *Familles aristocratiques mosanes*, op. cit., pp. 200-205, avec toutes les références.

[2] J.-M. CAUCHIES, Les châteaux et le pouvoir en Hainaut, dans *Châteaux, Chevaliers en Hainaut au Moyen Âge*, Bruxelles, 1995, pp. 29-30.

partie du *comitatus*, à partir du Xème siècle. Le même historien a démontré que paroisses et domaines primitifs chevauchent la Meuse[1]. Lors de la mise en place des paroisses primitives, vers la fin du VIIIème siècle, celles qui étaient situées sur le fleuve, relevaient toutes du comté de Lomme. C'est donc jusqu'à la limite du ressort paroissial, sur la rive droite, que s'étendait ce comté, entre Revin et Andenne. L'éphémère comté de Condroz n'avait aucun accès au fleuve. Toutefois, si cette souveraineté, sur la rive droite, va s'effilocher au fil du temps, entre l'avènement du comté de Namur, au début du Xème siècle, et le Traité de Dinant, l'idée de contrôle va subsister. Les comtes de Namur vont s'efforcer de le conserver, mais sans succès. Les châteaux aristocratiques vont rapidement contrôler les sections des cours d'eaux situées dans leur mouvance (trafic fluvial et droits de pêche).

* Des exemples concrets de rapport de forces

La terre allodiale ne relève-t-elle pas que de Dieu lui-même comme l'affirment, en 1216, Gérard de Jauche et Jacques de Cons, en 1243[2] ? Fanfaronnade, certes, mais l'allodialité n'entraîne-t-elle pas une certaine autonomie, consolidée par la tour. En 1180, le chapitre Sainte Monégonde, fondé par la famille de Chimay qualifie Gilles de *patrie dominus*[3]. Ce concept évoque un territoire autonome et bien structuré. Les Han, autour de l'an mil, disposaient d'une assiette foncière réduite. Ils se constituent une seigneurie castrale au détriment des institutions ecclésiastiques et s'emparent de dîmes[4]. La hiérarchie des trois

---

[1] C. G. ROLAND, La Meuse, de Revin à Andenne, ASAN, 19, 1910. B. TONGLET, *Autour du château. Le pouvoir en pays mosan (500-1200). Essai de mise en scène*, Wépion, 2007, pp. 21-45, 147, 158-160 et 163.

[2] T. N. BISSON, *La crise du XIIème siècle*, op. cit., p. 77. B. TONGLET, *Familles aristocratiques mosanes*, op. cit., p. 62. G. DESPY, *Les campagne du roman pays de Brabant au Moyen Âge : la terre de Jauche aux XIVème et XVème siècles*, Louvain-la-Neuve, 1981, p. 14.

[3] J. et V. BARBIER, *Histoire de l'abbaye de Floreffe*, II, Namur, 1892, pp. 37-38. C'est seulement au XIIIème siècle que la principauté de Liège est qualifiée de *patria.* : J. LEJEUNE, Les notions de « patria et d' « episcopatus » dans le diocèse et le pays de Liège, *Anciens Pays et Assemblées d'Etats*, 8, 1955, pp. 1-53.

[4] C.-G. ROLAND, La seigneurie de Han-sur-Lesse, ASAN, 35, 1923, pp. 1-88. B. TONGLET, *La seigneurie indépendante*, op. cit., 1992, pp. 89-97.

ordres, établie par les ecclésiastiques, n'est-elle bousculée par ces exemples ?

* Le rapport de force exercé par l'aristocratie sur l'Eglise.

L'aristocratie s'inscrit dans une société médiévale chrétienne, mais de manière relative. N'y a-t-il pas, dès la fin du XIème siècle, une compétition entre l'ordre seigneurial et l'ordre chrétien ? Si l'aristocratie est proche des abbayes comme en témoignent leurs donations, ces dernières sont-elles des dons gratuits ou effectués en contrepartie d'une élection de sépulture et d'un potentiel salut éternel ou d'exactions commises[1] ? Le système de l'*Eigenkirche* connaît un nouvel essor avec la seigneurie castrale. Certains aristocrates qui ne détiennent pas de patronage de paroisse primitive vont s'efforcer, au départ de leur chapelle castrale, de soustraire leur domaine au ressort de la paroisse primitive dont il dépendait, en créant une nouvelle entité paroissiale avant la fin du XIIème siècle avec la mainmise sur les dîmes perçues dans le territoire de la seigneurie[2]. On peut aussi, sur le plan politique[3], annexer à l'église paroissiale un chapitre de chanoines, voire une abbaye comme à Florennes. La collégiale complète la tour comme marqueur, dans le paysage, de la domination châtelaine. C'est sans doute Gérard de Florennes, futur évêque de Cambrai, qui initie et diffuse en Lotharingie le mouvement de fondation de collégiales, avec celui de donation avec rétention d'avouerie. On peut parler d'une ingénierie « ecclesio-aristocratique »[4]. C'est un agent du neuf, au sens schumpétérien. Enfin, entre Eglise et seigneurs, des liens se nouent, dès lors que ces derniers, dans le cadre de l'exercice de l'avouerie, ont introduit la gestion castrale dans les seigneuries ecclésiastiques, dès lors que les cadets de l'aristocratie deviennent moines ou chanoines. Toutefois, l'*amititia* entre

---

[1] B. TONGLET, *Familles aristocratiques mosanes*, op. cit., p. 185.

[2] B. TONGLET, *Les paroisses médiévales mosanes. Un modèle original*, Wépion, 2008, pp. 13-18 et 29-32, avec références.

[3] J.-F. LEMARIGNIER, Aspects politiques des fondations des collégiales dans le royaume de France au XIème siècle, *La vita commune del clero nei secoli XIème et XIIème*, Milan, 1959, I, pp. 19-40. L.-F. GENICOT, *Les églises mosanes du XIème siècle*. I. *Architecture et Société*, Louvain, 1972, pp. XXIII, XXV et 120.

[4] Voir B. TONGLET, *Familles aristocratiques mosanes*, op. cit., pp. 80-83.

ecclésiastiques et aristocratie, n'est-elle pas relative, avec les empiètements seigneuriaux dans l'exercice de l'avouerie ? A Florennes, vu les donations effectuées à l'abbaye, dans le cœur de la seigneurie si, d'apparence, coseigneurie il y avait, elle est limitée aux aspects fonciers, vu la rétention d'avouerie. La domination aristocratique est concrétisée par la *Visio cuiusdam inclusi*, attribuée à Gonzon, abbé de l'abbaye de Florennes (XIème siècle). L'auteur s'adresse aux *domini turris alta Floriensis*, pour leur reprocher leurs exactions[1]. En pays mosan, une coseigneurie n'est pas à l'avantage de l'Eglise, comme en Bretagne[2]. Si coseigneurie il y a, c'est dans certains domaines ecclésiastiques où l'avoué peut prétendre à être coseigneur avec l'évêque, à Couvin, avec l'abbé, à Fumay/Revin (abbaye de Prüm)[3]. Le schéma des trois ordres est encore contredit. Si l'Eglise écorne l'économie foncière seigneuriale avec les donations pieuses, la hiérarchie, avec l'*Eigenkirche* et l'avouerie, s'inverse au profit de l'aristocratie, en dépit de la Réforme grégorienne[4].

d. *Une seigneurie castrale autonome*

On peut maintenant esquisser une théorie politique de la seigneurie castrale. La domination, fondée sur une violence

---

[1] D. MISONNE, Visio cuiusdam inclusi. Un poème de Gonzon de Florennes, *Revue Bénédictine*, 122, décembre 2012, p. 333.

[2] F. MAZEL, Seigneurs, moines et chanoines : pouvoir local et enjeux ecclésiastiques à l'époque grégorienne (milieu XIème-milieu XIIème siècle), *Annales de Bretagne et des pays de l'ouest*, 113/3, 2006, pp. 105-135, et Seigneurie châtelaine et seigneurie ecclésiale au « premier âge féodal ». Puissants laïcs, chapitres castraux et relève monastique dans le Nord-Ouest de la France, dans Cluny. *Les moines et la société au premier âge féodal*, dir. D. IOGNA-PRAT, M. LAUWERS, F. MAZEL et I. ROSE, Rennes, 2013, pp. 401-415. La coseigneurie à la fois châtelaine, chevaleresque et canoniale, comme à Fougères et à Vitré, peut-elle être généralisée, pour mieux « gommer » la rupture de l'an mil ?

[3] B. TONGLET, *Familles aristocratiques mosanes*, op. cit., pp. 28-32 et 151-155.

[4] B. TONGLET, Avouerie et aristocratie. L'avouerie « originelle » en pays mosan (XIème-XVème siècle), ASAN, 89, 2015, pp. 125-161, et *Familles aristocratiques mosanes*, op. cit., pp. 213-220.

arbitraire[1], mais non généralisée[2], est exercée sur la terre possédée, mais dilatée à l'espace contrôlé par le détroit du château. Elle est « *personnelle* »[3]. Des pouvoirs seigneuriaux locaux succèdent à un pouvoir impérial centralisé. A l'ordre social institutionnalisé, succède l'ordre social privé établi par celui qui *tenet turrim*, « *expression qui montre à quel point le droit découle de la détention du donjon* »[4]. La clef du pouvoir est bien la tour. Mais, avec un espace dominé et contrôlé, mais personnel, la seigneurie castrale ne peut être confondue avec un Etat. Le seigneur ne gouverne pas, il exerce sa domination. Le guerrier qui garde le château, le maire, le doyen et le forestier, qui gèrent le domaine, semblent participer à l'activité prédatrice de leur maître : « *la chevauchée était l'illustration directe et brutale de la domination personnelle* »[5]. En pays mosan, l'avoué du domaine de *Silva* (Celles-lez-Waremme-abbaye Saint-Jacques de Liège), délègue, à la fin du XIème siècle, l'exercice de cette fonction à Guillaume de Mozet[6]. Ce dernier érige une motte, préside les plaids généraux, prélève le tiers des amendes, s'arroge un droit de gîte pour lui-même et ses vassaux (une trentaine d'habitants de la seigneurie de Mozet) impose des corvées aux tenanciers ...

---

[1] *Chronique ou livre de fondation du monastère de Mouzon*, édité, traduit, commenté et annoté par M. BUR, Paris, 1989, pp. 37-38, 141 et 150-153. MGH ss, VII, p. 222. Chronique de Saint-Hubert dite *Cantatorium*. Éd. K. HANQUET, Bruxelles 1906, pp. 41-42. MGH ss, XV, 2, pp. 1146-1147.
[2] T. BISSON, *La crise du XIIème siècle*, op. cit., pp. 72-73.
[3] Ibidem, pp. 36-37.
[4] *Acta Sanctorum Belgii*, Bruxelles, 1787, pp. 136-138. C. BILLEN, Domaines, souverainetés, seigneuries dans le pays de Chimay et le bassin du Viroin du IXème au XIIIème siècle, dans *La seigneurie rurale en Lotharingie*, *Publications de la Section historique de l'Institut Grand-Ducal de Luxembourg*, 102, 1986, p. 39.
[5] T. BISSON, *La crise du XIIème siècle*, op. cit., pp. 60-61.
[6] J. STIENNON, *Etude sur le chartrier et le domaine de l'abbaye de Saint-Jacques de Liège (1015-1209)*, Paris, 1951, pp. 218-225 et 293-297.

CHAPITRE II LA PHASE DE HAUSSE : 975 -1260

Selon Michel Brand'Honneur, les chevaliers à motte du comté de Rennes, se révèlent « *initiateurs d'une économie productive, ils sont à leur façon des entrepreneurs ruraux* »[1]. Cette approche mérite d'être mise en exergue, sous une réserve : l'économiste, pour éviter tout anachronisme, retient le concept d'agent économique. Les aristocrates le sont encore davantage, dès lors qu'ils disposent du ban. La tour permet la mise en place d'une stratégie génératrice de nouveaux revenus[2]. Cette stratégie est caractérisée par les logiques du prendre (banalités, appropriation des eaux, des prairies naturelles et des bois, tonlieu de marché), du défendre (avouerie et winage et des droits perçus dans l'exercice du défendre) et d'une meilleure exploitation des terres en fonction de leurs ressources naturelles (seigneuries des champs, seigneuries des eaux et des bois, seigneuries minières)[3]. Et « *l'absence d'informations sur la seigneurie laïque au Xème et au XIème siècle ne doit pas faire illusion. Derrière le silence des sources, l'histoire des droits d'avouerie doit être considérée comme un reflet et un substitut de ce qu'aurait dû être une histoire des droits seigneuriaux dans leur ensemble* »[4]. Un multiplicateur simplifié stimule la production, sous l'action des facteurs suivants :

1. La logique aristocratique du prendre

Cette logique est bien illustrée par un texte du Rouergue : « *tout ce que je réclame ou je vole* »[5]. Elle dérive du ban qui s'exerce dans les limites du détroit du château. L'aristocratie s'empare du

---

1 M. BRAND'HONNEUR, *Manoirs et châteaux dans le comté de Rennes. Habitat à motte et société chevaleresque (XIème-XIIème siècles)*, Rennes, 2001, p. 210.

2 B. TONGLET, *Familles aristocratiques mosanes*, op. cit.

3 B. TONGLET, Le château autour de l'an mil. Le point de vue de l'économiste, op. cit., pp. 267-269.

4 J. P. DEVROEY et A. DIERKENS, L'avouerie dans l'Entre-Sambre-et-Meuse, op. cit., p. 69.

5 F. de GOURNAY, *Le Rouergue au tournant de l'an mil. De l'ordre carolingien à l'ordre féodal (IXème-XIIème siècle)*, 2004, Toulouse, p. 289.

ban, autour de l'an mil et sur le plan local, dans le contexte de déliquescence du pouvoir et d'insécurité. La logique du prendre se caractérise par une créativité aristocratique débordante. On citera la taille ou taxe, par habitant, la mortemain ou le droit de prendre dans la maison du défunt l'objet le plus précieux, le droit de gîte, la brennée ou la nourriture des chiens du seigneur ... Les corvées pour exploiter la réserve ont été remplacées par d'autres, liées à l'exercice du ban ou de l'avouerie, comme des travaux à réaliser au château[1]. Les habitants de la seigneurie sont tenus d'utiliser les infrastructures seigneuriales, moulin, brasserie, four à cuire le pain, moyennant le versement d'une redevance[2]. L'aristocratie met aussi le ban sur l'eau (irrigation et droit de pêche), les prés de fauche (récolte des foins) qui la bordent et les forêts, où la chasse et les abattages de bois de construction et de bois de chauffage leur sont réservés ou soumis à un contrôle sévère[3]. Enfin l'exercice de la justice est « *l'expression la plus parfaite du droit de ban et une source importante de revenus* »[4]. Il s'applique aux crimes majeurs (meurtre, viol, enlèvement, vol) comme aux délits mineurs. Cet exercice est lucratif, mais on ne peut l'évaluer. Toutefois les conflits d'avouerie laissent parfois une trace écrite du partage des amendes[5].

2. **La logique aristocratique du défendre**

a. *L'avouerie*

Au plus tard autour de l'an mil, on peut distinguer trois types d'avouerie. Le comte assure la *defensio* (protection politique), l'avoué proprement dit, la protection rapprochée des abbayes et des chapitres de chanoines. Leurs terres éloignées sont confiées

---

[1] *Cantatorium*, op. cit., pp. 53 et 119. U. BERLIERE, *Documents inédits pour servir à l'histoire ecclésiastique de la Belgique*, I, Maredsous, 1894, pp. 18-20. J. P. DEVROEY et A. DIERKENS, L'avouerie dans l'Entre-Sambre-et-Meuse, op. cit., p. 68.

[2] B. TONGLET, *La seigneurie indépendante*, op. cit., pp. 194-195 et 199-203 : nombreux exemples avec références.

[3] B. TONGLET, *Autour du château*, op. cit. pp. 191-192, 195-196, 203, 230-232 et *Essai sur la dynamique médiévale*, op. cit. pp. 156-159 et 165-166.

[4] A. DEBORD, *Aristocratie et pouvoir*, op. cit., p. 108.

[5] B. TONGLET, *Autour du château*, op. cit., pp. 208 et 220.

à des avoués locaux. Enfin on notera que certaines donations sont effectuées avec rétention d'avouerie. Le donateur est alors l'avoué des biens légués. L'avoué proprement dit, « *originel* », c'est « *l'avoué général, pour cette abbaye, de la totalité de ses biens* », selon Alain Dierkens. C'est un homme libre. Il appartient toujours à l'aristocratie. L'avoué est celui qui « *tenet turrim* ». Comment protéger sans tour ? La fonction devient souvent héréditaire. Certaines familles cumulent les avoueries (Mozet et Chimay). L'avoué intervient dans les transactions immobilières de l'abbaye. Il préside les plaids généraux et met en force les décisions de justice. Quelques avoués érigent des points fortifiés sur le domaine qu'ils protègent (Finnevaux et Fronville), d'autres, avoués-châtelains, sont dotés d'une tour de fonction (Couvin et Fosses). La plupart des avoués abusent de leurs fonctions. Ils ont tendance à transplanter dans les domaines protégés les mauvaises coutumes imposées sur leurs terres. Des conflits consécutifs à des abus surgissent entre l'avoué et l'institution défendue. Ils sont réglés par des arrangements entre les parties où les uns conservent une part de ce qu'ils ont usurpé et les autres limitent les dégâts. La détention du château génère l'avouerie[1]. Son exercice est une source importante de revenus pour l'aristocratie[2]. Quant aux donations avec rétention d'avouerie, elles ont permis de reprendre partiellement d'une main ce qui a été donné par l'autre. Le donateur perd le cens des terres, mais conserve une partie des revenus du bien légué[3].

b. *La protection des marchands*

Les seigneurs accordent leur protection aux marchands, sur les marchés, sur les voies de communication, routières ou fluviales (sur une section du fleuve, contrôlée par le château), contre

---

[1] B. TONGLET, *La seigneurie indépendante*, op. cit., pp. 205-214 et Avouerie et aristocratie. L'avouerie « originelle » en pays mosan (XIème-XVème siècle), op. cit., pp. 125-161, avec toutes les références.

[2] Gautier de Cons tire d'importants revenus de l'exercice de l'avouerie : A. M. BONENFANT-FEYTMANS, Le plus ancien acte de l'abbaye d'Andenne, dans *Etudes d'histoire dédiées à la mémoire d'Henri Pirenne par ses anciens élèves*, Bruxelles, 1937, pp. 19-33, avec édition du texte relatif aux droits de l'avoué.

[3] Exemple des Thynes (rétention d'avouerie de Montgauthier) : B. TONGLET, La famille aristocratique de Thynes, op. cit.

l'acquittement d'une taxe ou d'un droit. On retiendra notamment les winages fluviaux. « *Les winages illustrent la direction des courants commerciaux, la gravité des obstacles que rencontrait la circulation des marchandises, l'utilité des rivières comme voies de communication. On notera qu'ils ne se percevaient pas toujours à un endroit fixe, mais parfois par section, le droit pouvant être poursuivi sur une assez longue distance* »[1]. Les winages seigneuriaux sont liés à la présence d'un château proche, signe d'une domination politique, économique et sociale. Ces winages sont prélevés sur le trafic transitant sur une portion de Meuse traversant les seigneuries. Le château de Haybes est idéalement situé une île du fleuve.

Encadré 6 : **Les winages mosans et les zones de perception**

Winage et date	seigneur et château	Zone de perception
Fumay-Revin (1262)	avoué-Vierves	de Revin à Haybes[2].
Haybes 1245)	Haybes	d'Haybes à Vireux[3].
Aubrive (1254)	Hierges	d'Aubrive à Hierges[4].
Givet (1253)	Agimont	de Hierges à Agimont[5].
Château-Thierry (1218)	Faing	d'Hastière à Anseremme[6]

[1] L. GENICOT, Commentaires de la carte relative à la vie économique dans le Namurois au bas Moyen Âge, *Le Namurois politique, économique et social au bas Moyen Âge*, ASAN, 52, 1964. L. LAHAYE, *Le livre des fiefs de la prévôté de Poilvache*, Namur, 1899, pp. 210-211.

[2] C.-G. ROLAND, Le règlement d'avouerie de Fumay et de Revin, en 1262, *Revue Historique ardennaise*, 18, 1911, pp. 297-310. B. TONGLET, *Familles aristocratiques mosanes*, op. cit. , pp. 151-155.

[3] J. et V. BARBIER, *Histoire de l'abbaye de Floreffe*, II, op. cit., p. 35.

[4] A. DELECLUSE et D. BROUWERS, *Catalogue des actes d'Henri de Gueldre, prince-évêque de Liège*, Bruxelles, 1900, pp. 221-223. Pour la section de perception, voir L. LAHAYE, *Le livre des fiefs de la prévôté de Poilvache*, op. cit., pp. 210-211.

[5] M.-L. FANCHAMPS, Etude sur les tonlieux de la Meuse Moyenne du VIIIème-XIVème siècle, *Le Moyen Âge*, 70, 1964, p. 216. A. LARET-KAYSER, Seigneurs et vilains de la terre d'Agimont au bas Moyen Âge, dans *La Belgique rurale, Mélanges offerts à Jean-Jacques Hoebanx*, Bruxelles,1985, pp. 157-173.

[6] *Analectes pour servir à l'Histoire Ecclésiastique de Belgique*, 16, p. 64.

3. **La logique d'exploiter les seigneuries aristocratiques selon leurs ressources naturelles**

Kékaumenos, stratège et économiste byzantin, préconise un idéal d'autarcie tant pour les serfs que pour le seigneur. Ce dernier est invité à disposer de « *moulins, ateliers et jardins potagers* », de planter « *toutes espèces d'arbres ainsi que des roseaux* », d'avoir, dans son étable « *des bœufs de labour, porcs, moutons et autres bestiaux* » et de s'employer à « *bien gérer* » ses biens[1]. L'économie du Moyen Âge, essentiellement agraire, est largement autarcique. L'autoconsommation est importante et concerne toute la société. On ne peut donc évaluer la production. Les surplus sont écoulés sur des marchés créés par l'autorité publique et les abbayes, dès les VIIIème et IXème siècles[2], par l'aristocratie, au XIème siècle, (Florennes, Walcourt et Waremme)[3]. Pour le paysan, le marché permet d'écouler ces surplus et de disposer des moyens nécessaires à l'achat de biens indispensables qui ne sont pas générés par leurs terres. L'approche du mouvement du *trend* séculaire est essentiellement qualitative. L'aristocratie enracinée est présente sur ses terres, et exploite ses biens en tenant compte des ressources naturelles spécifiques de celles-ci[4]. Les seigneuries se répartissent de la manière suivante : la seigneurie des champs, la seigneurie des eaux et des bois, la seigneurie minière[5]. La seigneurie s'appuie aussi sur la nouvelle stratégie castrale pour une exploitation adéquate de son profil naturel. « *Comment* », à la suite de Marie-Christine Bailly-Maître et Marie Elise Gardel, « *travailler*

---

[1] KEKAUMENOS, *Conseils et récits d'un gentilhomme byzantin*, Toulouse, 2015, pp. 79 et 113-114.

[2] B. TONGLET, *Autour du château*, op. cit., pp. 110-112.

[3] L. GENICOT, Le namurois politique, économique et social, op. cit., pp. 174-179. S. BORMANS et E. SCHOOLMEESTERS, *Cartulaire de l'Eglise Saint-Lambert à Liège*, op. cit., pp. 38-43.

[4] Voir à ce sujet M. BRAND'HONNEUR, *Manoirs et châteaux dans le comté de Rennes*, op. cit., pp. 195-210.

[5] B. TONGLET, *Essai sur la dynamique mosane*, op. cit., pp. 149-163.

désormais sur le monde castral sans se poser des questions économiques touchant aux ressources naturelles »[1] ?

a. *La seigneurie des champs*

Les documents décrivant une seigneurie aristocratique sont rares. On dispose toutefois de la description de la seigneurie de Waremme en 1078. Elle fait l'objet d'une donation à l'Eglise de Liège par Ermengaerde, veuve du comte de Haspinga, en 1078. Le domaine comprend une tour érigée sur une motte et entourée de fossés, une église (dotée d'un manse), une réserve seigneuriale de 8 manses (une centaine de bonniers -1 bonnier = 0,94 ha), 53 autres manses et 20 manses de bois, soit au total 82 manses, 5 moulins, où les habitants du domaine versent des droits d'utilisation à concurrence de 108 muids, 6 brasseries et leurs moulins, qui produisent 319 muids de bière, production également frappée de droits. Le domaine est encadré par un maire, un doyen, un tonloyer et un forestier. Le domaine était exploité par les tenanciers contre redevances ou cens (602 habitants). Les cens sont réglés tant en nature (produits diversifiés et en quantité importante) qu'en deniers, signe d'une économie partiellement monétarisée, grâce au marché qui a été mis en place sur le domaine et où est écoulé le surplus de la production des tenures. On constate que les tenanciers ne sont plus soumis aux prestations ou corvées. Celles-ci n'ont-elles pas été rachetées ? Les redevances sont variées et livrées en nature (porcs, agneaux, poulets, pains, vin, œufs) et/ou en espèces. Elles diffèrent selon les types de manses. 0n connaît ici la diversité des produits rendus par le domaine, non les quantités produites[2].

b. *La seigneurie des eaux et des bois*

Les documents relatifs à la seigneurie d'Orchimont permettent de dévoiler une véritable gestion castrale de ces ressources naturelles, d'ailleurs contrôlées par plusieurs forestiers, gestion

---

[1] *La pierre, le métal, l'eau et le bois. Economie castrale en territoire Audois. XIème-XIVème siècles*, dir. de M. C. BAILLY et M. E. GARDEL, Carcassonne, 2007, p. 184.

[2] S. BORMANS et E. SCHOOLMEESTERS, *Cartulaire de l'Eglise Saint-Lambert à Liège*, I, I, Bruxelles, 1893, pp. 38-43. B. TONGLET, *Essai sur la dynamique médiévale*, op. cit., pp. 150-154.

qui n'a guère été mise en exergue par l'historiographie. Les domaines des Orchimont correspondent parfaitement au profil de la seigneurie des eaux et des bois, seigneurie structurée par l'épine dorsale de la Semois et consolidée par les rus de Manise, de l'Ours, de Nafraiture, de Trigne (rive droite de la Semois) et le ru qui se jette dans la Vrigne à Cons (rive gauche de la Semois), et composée de nombreuses terres boisées. Les parcelles consacrées à la culture ne devaient pas dégager de gros rendements céréaliers. La mutation castrale a entraîné partout une privatisation de l'eau et des bois, qui entraîne une exploitation rigoureuse des ressources naturelles. Il faudra attendre le XIIIème siècle pour en trouver des traces documentaires. L'appropriation des eaux est concrétisée dans un document, daté de 1258, avec l'expression très suggestive de « *mettre le ban* » sur l'eau et la fauche des prés de fonds de vallée humide.

L'irrigation des prairies naturelles, sous la forme de barrage et de déviation des eaux dans de petits canaux, est attestée, en 1258, sur le ru de l'Ours, selon la formule des *pieres mises par les chainnes croissees*, mais aussi sur le ru de Nafraiture, comme je l'ai moi-même constaté. Ces canaux d'irrigation augmentent les rendements en foin des prairies.

Figure 8 : **Canal d'irrigation parallèle au ru de Nafraiture**
Crédit photographique O. Comuzzi

Figure 9 : **La seigneurie d'Orchimont**

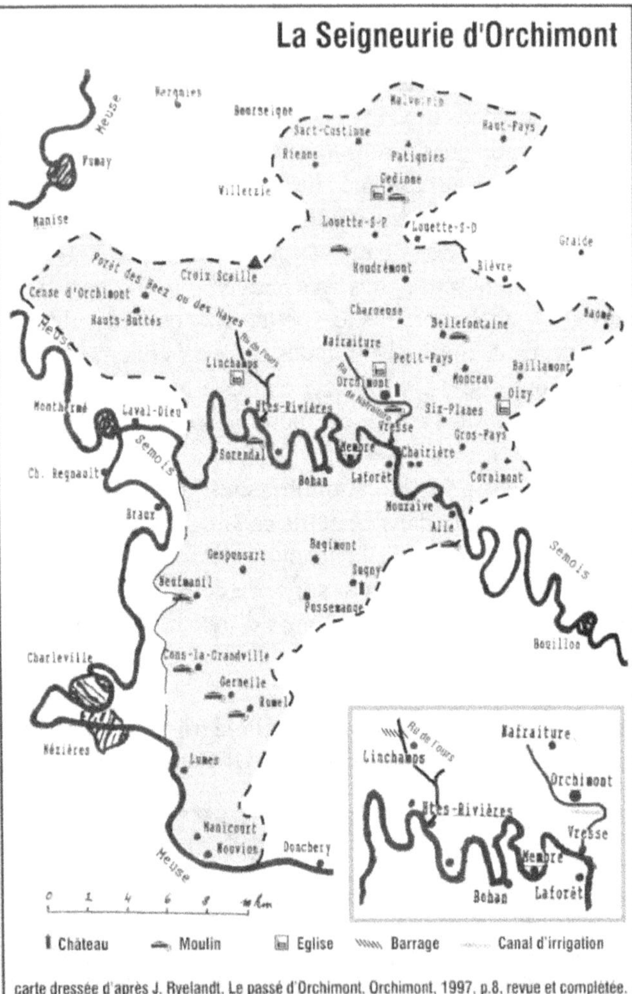

carte dressée d'après J. Ryelandt, Le passé d'Orchimont, Orchimont, 1997, p.8, revue et complétée.
Infographie : B. Tonglet

Le ban sur la pêche est cité en 1236, *aquam banalem*. Baudouin d'Orchimont se réserve ce droit sur les cours de la Houille et de ses affluents, depuis le moulin de Louette-Saint-Pierre et celui de Cherzy jusqu'au Mont. Tout contrevenant se verra infliger une amende de 5 sols. On signalera aussi la présence de viviers à

Cons, Mont-Gedinne et Neufmanil. L'exploitation des bois est réglementée. On citera un exemple. En 1205, Jacques d'Orchimont accorde des aisances aux habitants dans sa forêt de Hez. Dans les bois de Linchamps et dans la grande forêt de Hez, la chasse est interdite. En ce qui concerne les aisances, le prélèvement de bois de construction et de chauffage est limité à l'usage domestique et la glandée des porcs est soumise à un droit de panage[1].

c. *La seigneurie des mines*

Les Florennes et les Morialmé, directement ou par le biais de l'avouerie, exerçaient un contrôle et percevaient des droits, au plus tard dans la première moitié du XIIIème siècle, sur des activités minières et métallurgiques. Je citerai plusieurs indices. Hanzinne faisait partie à l'origine des domaines des Florennes avant de faire l'objet d'une donation à l'abbaye Saint-Médard de Soissons, avec une clause de rétention d'avouerie. Des minières y sont exploitées au bas Moyen Âge. L'avoué, le seigneur de Morialmé, cadet des Florennes, perçoit *le tiers dou pourfit des minières faites et à faire.* En 1384, les minières de Morialmé, dans le territoire de la famille éponyme, font l'objet d'une charte. Le seigneur intervient, apparemment, en qualité d'arbitre entre les différents propriétaires et les mineurs. La charte fixe le montant de la redevance versée par les mineurs aux propriétaires. Toutefois, un document de 1423 signale les profits tirés par le seigneur de Morialmé sur les forges en exploitation à cette époque. Un relevé de fiefs relatif aux seigneuries de Florennes et de Pesches répertorie en 1494 *forges et mynes*. A Membercée, écart d'Yves, les Florennes prélèvent la moitié des droits perçus sur les fers produits par un bas fourneau. Ils détenaient aussi des droits sur des mines de plomb cédées en fief à une branche cadette, les Roly. En 1302, ces droits sont dans les mains de Jakemins de Roly[2]

---

[1] C.-.G. ROLAND, *Orchimont et ses fiefs*, documents publiés pp. 377, 380, 390 et 410. B. TONGLET, *Familles aristocratiques mosanes*, op. cit., pp. 111-118

[2] L. GENICOT et R. M. ALLARD, *Sources du droit rural du Quartier d'Entre-Sambre-et-Meuse*, I, Bruxelles, 1968, pp. 398-399. J. KAISIN, La charte des minières de Morialmé. 1384, *Documents et Rapports de la Société d'Archéologie et de Paléontologie de Charleroi*, 18, 1891, pp. 123-165. S.

Figure 10 : **Essai de cartographie des possessions mosanes des Florennes**

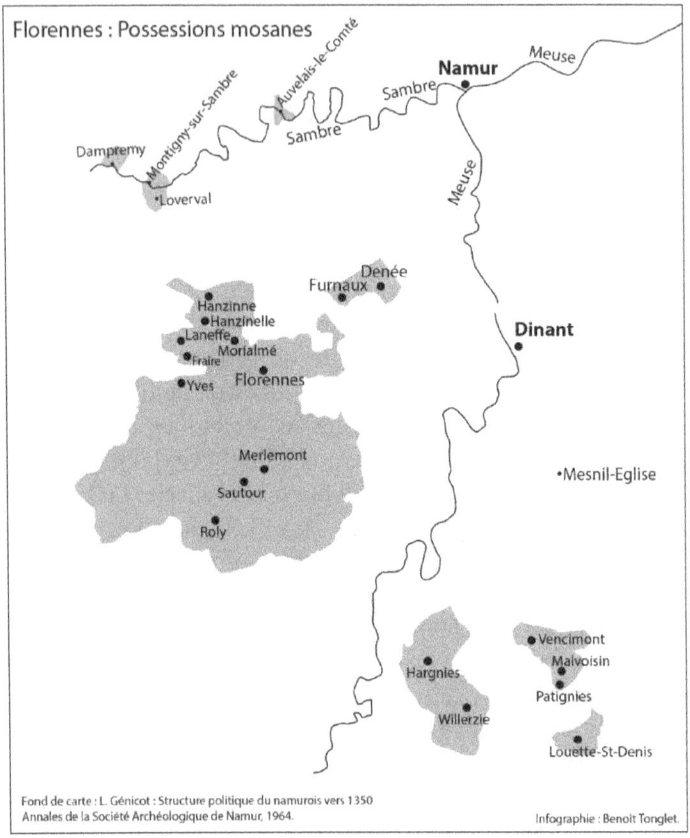

4. **L'aristocratie et la « consumation »**

Dans le chef des familles aristocratiques, il s'agit, à la suite de Werner Sombart et de Georges Duby, d'exploiter pour mieux dépenser. Et ces dépenses ne dépasseraient-elles pas souvent les recettes[1] ? L'exploitation se fait alors de plus en plus intense,

BORMANS, *Les seigneuries féodales du pays de Liège*, Liège, 1871, pp. 176 et 288. S. BORMANS et E. SCHOOLMEESTERS, *Cartulaire de l'Eglise Saint-Lambert à Liège*, I, op. cit., p. 364. S. BORMANS, *Les fiefs du comté de Namur*, I, Namur, 1875, p. 40. B. TONGLET, *Familles aristocratiques mosanes*, op. cit., pp. 71-92.

[1] W. SOMBART, *Le Bourgeois*, op. cit. , p. 17.

non pour dégager des profits, mais pour mieux assurer la dépense, liée au désir grandissant de paraître. Selon Werner Sombart : « *L'économie seigneuriale était avant tout une économie fondée sur la dépense : il fallait tant et tant pour s'assurer une vie conforme à son rang, pour ses dépenses inutiles, pour son gaspillage* »[1]. Pour Georges Duby, « *être riche, au XIIème siècle, comme jadis, n'obligeait pas seulement à donner à Dieu, mais encore à ses amis, à les accueillir nombreux* ». Cela entraîne « *une émulation où chacun rivalise dans le gaspillage* »[2]. On citera l'édification des châteaux en pierre et des lieux de culte (chapelles, églises, collégiales). Cette politique n'est pas compatible avec la théorie économique classique et néoclassique fondée sur l'idée de rareté. La démarche aristocratique s'apparente à la théorie de la « *consumation* » selon Georges Bataille, où les valeurs de l'excès et de la dépense priment celles de l'ascétisme et de l'accumulation[3]. Ce modèle d'économie castrale, unique en son genre, ne peut être rattaché à une quelconque théorie économique. La « *consumation* » aristocratique stimule le multiplicateur médiéval.

5. **Défrichements et multiplicateur d'investissement dans la phase de hausse**

a. La contribution aristocratique et paysanne

A partir du XIème siècle, l'aristocratie participe au mouvement d'extension des espaces cultivés, notamment sous la forme de défrichements organisés par les cadets dans la part du domaine qui leur a été accordée. Un cas mosan est bien documenté, celui des Noville. Le *castrum* de Noville, sans doute une motte, et l'église étaient plus ou moins situés au centre du domaine. Les cadets (agents économiques suiveurs) sont dotés, aux XIIème et XIIIème siècles, à la périphérie de la seigneurie, notamment dans les bois, dotations évoquées dans les documents, et créent de toute pièce des écarts à Bains, Baugnet, Commognes, Dompire,

[1] Ibidem, p. 105.
[2] G. DUBY, *Guerriers et paysans*, Paris, 1985, pp. 248-262.
[3] G. BATAILLE, *La part maudite*, Paris, 1949.

Fernelmont, Nevocour, avec, dans certains cas, édification de tours ou manoirs, avec viviers, prés et terres gagnées sur la forêt (voir étape 1 de la phase de hausse du Kondratieff)[1]. L'aristocratie n'aurait-elle pas joué « *un rôle considérable et même le premier dans la mise en valeur de nos régions* »[2] ? Les défrichements stimulent aussi le multiplicateur d'investissement.

Figure 11: **L'essaimage de la famille Noville**
Carte L. Genicot, complétée avec les sites fortifiés

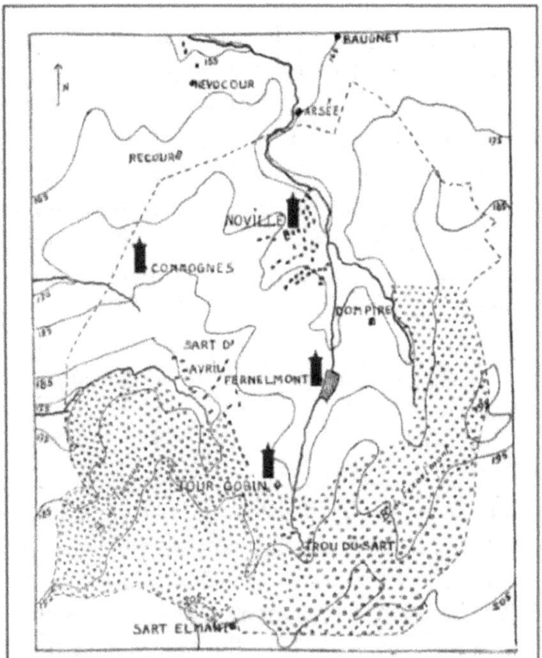

Au cours du XIème siècle, au sein de l'économie seigneuriale, une vague d'exactions entraîne aussi un effort de productivité de la communauté paysanne de la seigneurie, également sous forme de défrichements, « *le paysan s'acharnant à étendre ses*

[1] B. TONGLET, Les cycles Kondratieff : op. cit. pp. 25-26.
[2] L. GENICOT, Le destin d'une famille noble du Namurois. Les Noville aux XIIème et XIIIème siècle, ASAN, 46, 1952, pp. 157-232, avec carte.

emblavures », selon Léopold Genicot. « *Comment séparer l'effort acharné du paysan des conditions nouvelles dans lesquelles il s'inscrit ? Le marché s'ouvre à lui, tout proche. ... Une sécurité mieux assurée. La seigneurie n'est pas seulement domination et exploitation. Elle apporta de mille manières un soutien direct ou indirect à l'épopée des défrichements dont elle était, elle aussi, bénéficiaire* ». Cet effort de productivité, face aux exactions, ne peut pas être mesuré[1].

On relèvera aussi l'effet multiplicateur des investissements en infrastructures[2] (voir étape 2 de la phase de hausse du Kondratieff)[3]. On relèvera la généralisation, aux XIème et XIIème siècles, de la construction en pierre, tant par l'Eglise que par l'aristocratie. Cette dernière érige châteaux et lieux de culte, de la chapelle castrale à la collégiale plus prestigieuse[4]. Les domaines aristocratiques sont équipés de moulins, brasseries et fours à pain.

En pays mosan, on construit aussi des ponts en pierre (Visé, Liège, Huy, Namur, Dinant, Givet), des moulins urbains (Liège, Huy, Namur, Dinant), des enceintes (Liège, Huy, Namur, Dinant ...) des halles (Liège, Huy, Namur, Dinant). Au sein de l'économie embryonnaire de marché, une offre de production artisanale et de surplus agricoles, dégage des revenus pour les producteurs (seigneurs, paysans, marchands, artisans). La consommation qui en découle augmente plus que proportionnellement, stimulant une nouvelle fois la production, et ainsi de suite.

6. **Conclusions**

Au Moyen Âge central, l'historien a ses raisons, fondées sur les institutions, statiques et rigides (comtes et évêques les

---

[1] G. BOIS, *La grande dépression médiévale* : XIVème-XVème siècle. Le précédant d'une crise systémique, Paris, 2000, p. 16.

[2] L. GENICOT, *L'économie rurale Namuroise*, III, *Les hommes-Le commun*, Louvain-la-Neuve-Bruxelles 1982, p. 12.

[3] B. TONGLET, Les cycles Kondratieff, op. cit. pp. 25-26.

[4] P. SAINT-AMAND et B. TONGLET, Aristocratie et Architecture. Quelques exemples : Falmagne, Thynes-en-Condroz. *Les Echos de Crèvecoeur*, 40, Juin 2014, pp. 65-97.

« exploitent » pour tenter, sans grands succès, de régir toute la société), l'économiste, les siennes, fondées sur la sociologie et les stratégies, politiques et économiques, singulières, déployées dans le champ social non seulement par l'aristocratie, mais aussi par ceux qui travaillent, paysans ou artisans, d'où émerge la dynamique discontinue de l'économie. « *La vérité a plusieurs visages* »[1].

[1] L. DURRELL, *Tunc*, Paris, 1979, p. 263.

CHAPITRE III LE RETOURNEMENT A LA BAISSE ET LA PREMIERE ETAPE PHASE DE BAISSE

Le retournement est balisé par le pic de production et le pic des prix. La chronologie de la phase de retournement repose sur une convergence de suggestions proposées par plusieurs historiens émises hors du contexte proprement dit du *trend* séculaire. La phase de retournement est caractérisée par des conflits sociaux et une stagflation généralisée.

1. Le retournement à la baisse (1260-1318)

a. *Le pic de production*

Philippe Contamine évoque la fin des défrichements, entre 1250 et 1280 : « *L'extrême limite de l'écosystème médiéval, dans ses composantes spatiales et techniques, est atteinte* ». On prend conscience des limites de l'exploitation de ces friches[1]. On pourrait parler de surinvestissement en terres exploitées dont les rendements trop faibles ne sont pas en rapport avec le travail mis en œuvre. Guy Bois suggère la fourchette de 1240-1260, fondée sur le plafond atteint par la démographie et les altérations de la monnaie : « *Elle sort, à, partir de 1285, d'une longue phase de stabilité pour subir affaiblissements et mutations* »[2]. Dans un manoir anglais localisé à Winchester, bien documenté, Christofer Thornton relève encore des rendements croissants jusqu'en 1280[3]. Léopold Genicot observe qu'entre 1250 et 1289, « *une très longue période d'expansion s'achève dans les campagnes du namurois* ». Il donne quelques exemples : « *Des sols médiocres mis en culture sous la pression démographique vont être abandonnés et la valeur locative des terres se mettre à*

[1] P. CONTAMINE, M. BOMPAIRE, S. LEBECQ, J.-L SARRAZIN, *L'économie médiévale*, Paris, 1993, p. 222.

[2] G. BOIS, *La grande dépression médiévale*, op. cit, pp. 56-57.

[3] C. TOMPSON, cité par J. P. GENET, *Les îles britanniques au Moyen Âge*, Paris, 2005, p. 149.

baisser »[1]. Le poids démographique entraîne l'émiettement de la taille des exploitations. Il relève des exploitations de moins 4 ha, soit 38 %, 54 % et 73 % dans plusieurs villages[2].

Comment le pic de production est-il atteint ? Guy Bois relève « *le caractère extensif de la croissance. Il était inhérent à une société qui avait érigé en norme quasi intangible la petite production individuelle ou familiale. L'accroissement continu des unités de production ne pouvait conduire qu'à remplir, si j'ose dire, le bocal jusqu'à la gueule. Le monde plein de la deuxième moitié du XIIIème siècle n'est ni un accident historique, ni un caprice démographique. ... Dès lors que les défrichements sont terminés (vers 1260) dans l'Europe dense qui forme l'axe du monde médiéval, le blocage agraire est assuré* ». Les populations sont alors réduites au niveau minimum de subsistance, avec des conséquences sur le plan biologique. Mais il ajoute: « *Il faut un singulier aplomb pour considérer le désastre de la Peste noire (1348) comme un phénomène purement accidentel ... Le plus étonnant n'est-il pas que ce désastre ne soit intervenu qu'au terme de 60 à 70 ans de la montée de la misère ?* »[3]. La peste noire est pourtant bien un phénomène exogène. Elle n'est pas « *responsable de la grande dépression* », comme il le dit lui-même, et du retournement à la baisse.

b. *Le pic des prix*

Il n'y a pas de lien entre le pic des prix et une crise frumentaire. De telles crises scandent l'économie du Moyen Âge et de l'Ancien Régime, elles ne provoquent qu'une hausse momentanée, mais importante des prix, oscillant, selon les données imparfaites de Gregory King, entre 30 %, et 80 %, selon

---

[1] L. GENICOT, *L'économie namuroise au bas Moyen Âge*. III. *Les hommes - Le commun*, Louvain-la-Neuve-Bruxelles, 1982, pp. 254 et 271.

[2] L. GENICOT, L'étendue des exploitations agricoles dans le comté de Namur à la fin du XIIIème siècle, *Etudes rurales*, 5, 1962, pp. 1-31.

[3] G. BOIS, *La grande dépression médiévale*, op. cit, pp. 58 et 60.

que la récolte engrangée est inférieure de 10 ou de 20 % au rendement d'une année normale[1].

Une année à haut rendement n'est guère plus favorable, entraînant des prix trop bas des céréales, comme le fait remarquer Pierre de Boisguibert dans *le Détail de la France*, en 1695 : « *Plus les blés sont à vil prix, plus les pauvres sont misérables* ». Un sous-emploi en découle. Les exploitants agricoles ne sont pas motivés à produire, à engager de la main d'œuvre, à verser le loyer de la terre aux propriétaires. Consommation et production artisanale régressent[2]. Ces fluctuations, certes bien réelles, sont toutefois de courte durée. Elles sont déconnectées « *du mouvement de longue durée des prix* » et n'exercent donc aucune influence lourde sur ce mouvement, à la hausse ou à la baisse, comme le fait remarquer judicieusement Wilhem Abel[3]. Au manoir de Winchester, le pic des prix est atteint vers 1317-1318[4]. Wilhem Abel s'inscrit, de manière globale, dans cette ligne[5].

c. *Les causes du retournement*

Le retournement à la baisse est engendré par des conflits sociaux et une stagflation.

* Les conflits sociaux

La dynamique du *trend* séculaire est similaire à celle du Kondratieff. C'est à la fin de la phase de hausse et dans la phase de retournement à la baisse que se produisent les conflits sociaux. Ceux-ci ne peuvent être assimilés aux révoltes populaires ou Jacqueries qui se sont manifestées au XIIème siècle et qui sont

---

[1] E. LEROY LADURIE, Les comptes fantastiques de Gregory King, article repris dans E. LEROY LADURIE, *Le territoire de l'historien*, Paris, 1977, pp. 252-270.

[2] Sur Boisguilbert, voir G. DOSTALER, Pierre Le Pesant, sieur de Boisguilbert, dans Les grands auteurs de la pensée économique, *Alternatives économiques*, H.-S., novembre 2012, pp. 42-45.

[3] W. ABEL, *Crises agraires en Europe (XIII-XXème siècle)*, Paris, 1973, pp. 22-28.

[4] M. POSTAN, cité par G. BOIS, *La grande dépression médiévale*, op. cit., p. 57.

[5] W. ABEL, *Crises agraires*, op. cit., pp. 56 et 88.

liées à la fête et ses rites collectifs selon Claude Gauvard[1] et non à la dynamique du *trend* séculaire. En revanche, c'est le cas des conflits sociaux qui apparaissent dans l'artisanat urbain. Dans toute l'Europe, la fin du XIIIème siècle est une période d'agitation sociale, à Provins, Tournai en 1279/1280, à Douai, Bruges, Ypres, Gand, Saint-Omer, et Arras en 1289[2]. C'est le cas également en pays mosan, à Dinant en 1255, à Huy en 1298 et 1302, à Fosses en 1302. Quant à Liège, l'agitation sociale se poursuit de 1303 à 1313[3].

* La stagflation

Au bas Moyen Âge, la stagflation apparaît dans la phase de retournement à la baisse. Mais seul Guy Bois a utilisé, très judicieusement d'ailleurs, le concept pour qualifier l'explosion des prix[4]. En Ile-de France, le prix du blé-méteil double de 1287 à 1303 (Guy Fourquin). En Angleterre, le prix de certaines denrées subit une hausse de 40 à 100 %, entre 1305 et 1310. L'achat ou la location des terres n'est pas épargnée et augmente en Picardie (Robert Fossier), dans le Nord de la France (Guy Severy) et dans le Toulousain (Maurice Berthe). C'est le cas également des taux d'intérêts. Les guerres entraînent aussi une augmentation de la dépense publique.

2. La première étape de la phase de baisse

Dans une première étape, on enregistre chute de la démographie et baisse généralisée de la production et des prix.

On peut parler d'une « *hécatombe humaine* » dans certaines régions (Normandie orientale, Provence, Ile-de-France, Toscane). Dans le Lyonnais, le nombre d'enfants par ménage se contracte, entre 1340 et 1350), et passe de 4 à 1 et restera en dessous de 2 jusqu'en 1430. En pays mosan, on ne dispose pas d'informations à ce sujet. Le recul est-il aussi important ?

On observe toutefois qu'une crise frumentaire a précédé les épidémies de peste noire qui se sont multipliées durant le

---

[1] C. GAUVARD, Révoltes populaires, dans *Dictionnaire du Moyen Âge*, dir. C. GAUVARD, A. de LIBERA et M. ZINK, Paris, 2004. pp. 1206-1209.

[2] M. BOONE, *La société urbaine des anciens Pays-Bas au bas Moyen Age*, op. cit., p. 65.

[3] Ibidem, p. 65.

[4] G. BOIS, *La grande dépression médiévale,* op. cit., pp. 61-62.

mouvement de baisse[1]. Selon Guy Bois, le recul de la production céréalière, à défaut de statistiques, peut être appréhendé avec un recul des espaces cultivés et une diminution de la dîme. Selon le premier indice, le recul est de 35 à 60 %. Pour le second, on dispose d'un exemple éloquent, celui des recettes de dîmes de Notre-Dame de Douai. On passe de l'indice 100, pour les années 1329/1332, à l'indice 60 vers 1342 et à l'indice 50 vers la fin du siècle. En pays mosan, une tendance similaire semble apparaître en filigrane, avec « *le fléchissement des prix successifs d'arrentement de diverses terres* ». Ceux-ci passent de l'indice 100 vers 1320 à l'indice 47 en 1370. Léopold Genicot fait remarquer que « *vers 1370, quantité de terres sont restées longtemps sans tenanciers tant la peste avait emportés d'hommes* »[2]. La production et l'espace cultivé mosans sont également en recul.

On enregistre aussi une baisse généralisée des prix. Selon Fernand Braudel, « *le trend séculaire sera donc, avant tout, celui du blé* », car l'agriculture représente la part la plus importante de la production et de la consommation au Moyen Âge[3]. Ce sont les « *courbes autoritaires* »[4] des céréales qui donnent l'allure du *trend*. Un graphique de Wilhem Abel illustre la dépression économique basse médiévale, caractérisée par une déflation généralisée[5].

Les phases de baisse des cycles très longs de l'économie sont caractérisées par une déflation, soit une baisse généralisée des prix, pour le *trend* séculaire du bas Moyen Âge, entre 1320 et 1460, plutôt un ralentissement de la hausse des prix, pour le *trend* séculaire baroque, entre 1620 et 1750/1760. C'est le cas

---

[1] G. BOIS, *La grande dépression médiévale*, op. cit., pp. 65-68. Synthèse récente : H. DUBOIS, Démographie, dans *Dictionnaire du Moyen Âge*, op. cit., pp. 396-400.

[2] G. BOIS, *La grande dépression médiévale*, op. cit., pp. 68-69. L. GENICOT, *L'économie rurale namuroise au bas Moyen Âge*, I, Louvain, 1943, pp. 288-289.

[3] F. BRAUDEL, avec la collaboration de F. SPOONER, Les prix en Europe de 1450 à 1750, dans F. BRAUDEL, *Ecrits sur l'histoire*, II, Paris, 1994, p. 56.

[4] F. BRAUDEL, *La Méditerranée et le monde méditerranéen à l'époque de Philippe II*, II, *Destins collectifs et mouvements d'ensemble*, Paris, 1993, p. 653.

[5] W. ABEL, *Crises agraires*, op. cit., p. 88.

également des cycles longs du capitalisme avec une régulation sous forme de déflation pour les trois premiers cycles longs, par une désinflation, un ralentissement des prix, entre 1974 et 1992, pour le quatrième cycle[1]. Selon Guy Bois « *le mouvement s'auto-entretient : baisse des prix et baisse de la production s'alimentent mutuellement dans une glissade qui peut devenir dramatique* ». On peut toutefois enregistrer « *des mouvements intermédiaires de hausse* », à la suite de mauvaises récoltes. La baisse des prix est également influencée par une diminution de la masse monétaire en circulation, mais aussi par la fiscalité qui exerce une pression négative sur la consommation et déclenche des révoltes populaires. Seuls les salaires semblent connaître une tendance haussière, entre 1430 et 1460, suite à la dernière crise démographique (1418-1422)[2].

En pays mosan, des séries de prix disponibles ne sont pas antérieures à 1368. Elles ne permettent donc pas de prendre la mesure de la déflation basse médiévale. Selon Léopold Genicot, les deux derniers siècles ont été influencés par les crises démographiques, climatiques et politiques. Mais il n'évoque guère la dépression économique, comme si le namurois vivait à l'écart du monde médiéval européen. La dépression pourrait avoir été moins profonde qu'ailleurs sans qu'on ne puisse étayer cette impression. Manque essentiellement le niveau des prix du début du XIVème siècle pour se prononcer objectivement[3]. Toutefois, on voit mal comment le namurois aurait pu échapper à la dépression.

Aux XIVème et XVème siècles, on évoque une crise du revenu seigneurial, mais les médiévistes ont à ce sujet des interprétations divergentes.

Selon Georges Duby, si la rente seigneuriale ne fléchit pas toujours, compte tenu de la hausse de la productivité agraire enregistrée dans les réserves seigneuriales exploitées en faire-valoir direct et des droits perçus (dîmes, taille, moulins), en

---

[1] B. TONGLET, *Histoire économique*, op. cit., pp. 57 et 79.
[2] G. BOIS, *La grande dépression médiévale*, op. cit., pp. 86-99.
[3] L. GENICOT, avec le concours de M.-S. BOUCHAT-DUPONT et B. DELVAUX, *La crise agricole du bas Moyen Âge dans le Namurois*, Louvain-Leuven-Gent, 1970.

revanche, les dépenses, liées au toujours mieux « paraître », ne cessent d'augmenter[1].

Selon Guy Bois, en Normandie orientale, « *le total des cens fut amputé en règle générale, dans une proportion des deux tiers ou des trois quarts (en valeur nominale), entre le début du XIVème et le milieu du XVème siècle* ». Ce recul se conjugue avec « *la réduction massive des censitaires* », avec l'allégement des charges, avec l'érosion monétaire, avec le « *relâchement* » de la pression seigneuriale. Les réserves seigneuriales se limitent à une exploitation de 15 à 30 hectares. Cette crise affecte tant les seigneurs détenteurs du ban que les gentilshommes campagnards, qui ne disposent que d'une seigneurie foncière. Cette diminution de la rente entraîne une réaction aristocratique, avec une gestion plus serrée, concrétisée par des censiers et des records de droits qui répertorient les revenus de la seigneurie. En outre, l'aristocratie est contrainte à trouver de nouvelles sources de revenus qui se présentent avec la guerre de cent ans et son cortège « *de soldes, de rançons, de butins* »[2].

Pierre Charbonnier invoque l'idée d'une « *autre France* ». Si certaines seigneuries, en Auvergne, ont connu des difficultés financières, ce n'est pas le cas d'autres qui ont plutôt consolidé leur position, avec la concentration de certaines seigneuries, suite à l'extinction de certains lignages C'est le cas de la famille de Murol (une famille nouvelle) qui se retrouve à la tête de plusieurs seigneuries : Chambon, Le Broc, Murol et Saint- Amant. D'autres familles trouvent de nouvelles sources de revenus, en s'appuyant, d'une autre manière, sur le château et la protection qu'il offre, avec l'imposition d'un service de guet nocturne, le plus souvent, au fil du temps, abandonné au profit d'un redevance versée en numéraire ou la mise à disposition, moyennant le versement d'un cens, de loges édifiées à l'abri de l'enceinte de la

[1] G. DUBY, Situation de la noblesse en France au début du XIIIème siècle, repris dans *Hommes et structures du Moyen Âge*, Paris, 1973, pp. 343-360.

[2] G. BOIS, Noblesse et crise des revenus seigneuriaux en France aux XIVème et XVème siècles, dans *La noblesse au Moyen Âge. XIème-XVème siècles*. Essais réunis par P. CONTAMINE, Paris, 1976, pp. 219-233.

basse-cour ou de « forts » villageois érigés sous la protection d'enceintes distinctes[1].

Selon Robert Fossier, plusieurs facteurs viennent grever la rente : dépréciation monétaire, raréfaction de la main-d'œuvre (épidémie de peste) limitant les surplus de production dégagés par les réserves exploitées en faire-valoir direct, les frais engendrés par l'armement des seigneurs. Ils ont amputé, à concurrence parfois des deux tiers, les revenus seigneuriaux, mais ils sont compensés dans certains cas, par une réaction concrétisée par un « *rafraîchissement des droits* »[2], consignés dans les terriers et censiers du XVème siècle.

En pays mosan, faute de dossiers suffisamment étoffés, il n'est pas facile de prendre la mesure de la rente seigneuriale laïque à la fin du Moyen Âge. Si Jean-Jacques Hoebanx signale à juste titre que « *les fortunes foncières laïques furent confrontées à des causes de démembrements internes qui jouaient déjà à l'époque précédente* », si, d'une certaine manière, « *le faire-valoir direct restait rentable pour la moyenne entreprise exploitée par un seigneur, par ses proches, par quelques domestiques, valets et filles de ferme, par des salariés appelés au moment des pointes de la saison agricole* »[3]. Cette rentabilité permettait à certains, à la fin du Moyen Âge, de continuer à vivre « *noblement* » avec des domaines plus réduits.

On parlera, pour d'autres, d'une crise de l'aristocratie elle-même, fondée sur des « bulles », démographique (partages

---

[1] P. CHARBONNIER, *Une autre France. La seigneurie rurale en Basse Auvergne du XIVème au XVIème siècle*, Clermont-Ferrand, 1980 et La crise de la seigneurie à la fin du Moyen Âge vue de l'autre France, pp. 98-110, dans *Seigneurs et seigneuries*, Paris, 1985, pp. 98-110. Sur les loges et forts, voir B. PHALIP, *Auvergne et Boubonnais gothiques. Le cadre civil*, Paris, 2003, pp. 21-23 et G. FOURNIER, *Les villages fortifiés et leur évolution. Contribution à l'histoire du village en Auvergne. Synthèse*, La Sauvetat, 2009.

[2] R. FOSSIER, La seigneurie, dans *Dictionnaire du Moyen Âge*, op. cit., p. 1317.

[3] J. J. HOEBANX, Seigneurs et paysans, dans *La Wallonie. Le pays et les hommes. Histoire - Economies - Sociétés*, direction scientifique H. HASQUIN, Bruxelles, 1975, p. 202. Notons toutefois que cet historien appuie ses assertions sur une seule référence, selon sa bibliographie. La plupart des historiens ont négligé d'appréhender concrètement les seigneurs et leurs domaines, à quelques exceptions près, notamment celles de Claire Billen, Georges Despy et Léopold Genicot.

successoraux), religieuse (excès de donations pieuses), ostentatoire (dépenses toujours croissantes pour mieux paraître), qui entraînent un affaiblissement généralisé. Des familles (Walcourt, Chimay, Orchimont, Jauche, Agimont) consolident leur position. Quelques familles (Atrive, Cons et Han) vont se maintenir au XIIIème siècle, avant de sombrer au XIVème siècle. D'autres se fondent, par mariage, dans d'autres familles. Les unes sont absorbées par des familles plus puissantes. Les autres épousent des *milites*, les Chestrevin, les Jodion ou les Beauraing. Beaucoup de familles disparaîssent ou déclinent dès le début du XIIIème siècle. Citons, parmi d'autres, les Dave, Falmagne, Mozet, Noville, Verenne, Wierde, …

De nouvelles familles les remplacent : des *milites* comme les Beaufort ou, à un échelon beaucoup plus modeste, les Chestrevin, ou des sous avoués d'abbaye, comme les Beauraing, progressent dans la hiérarchie sociale. Léopold Genicot a mis en exergue le rapprochement, au cours du XIIIème siècle, de familles aristocratiques qui déclinent et familles d'hommes nouveaux qui montent[1]. Cette évolution namuroise ne correspond en rien à un « *récit mythologique* » [2] comme le déclare Dominique Barthélemy. Aux XIème et XIIème siècles, j'ai moi-même scruté, après Léopold Genicot, inlassablement, les listes de témoins de nombre de documents mosans, entre 1985 et 1992. J'ai pu constater que les rédacteurs tiennent compte de la hiérarchie sociale dans ces listes (comtes et évêques, guerriers et ministériels). Même sans qualification, on observe que les familles gèrent « un stock de prénoms », qui trahissent implicitement cette hiérarchie. Et au cours du bas Moyen Âge, l'ascension sociale des guerriers et ministériels a été mise en exergue par l'éminent médiéviste wallon. D'autres

[1] L. GENICOT, *L'économie namuroise au bas Moyen Âge*, II, *Les hommes – La noblesse*, Namur, 1960, p. 135. On peut aussi citer le cas d'Heluide, la sœur de Thierry VIII de Faing, qui épouse, au début du XIIIème siècle, Gérard de Beauraing (B. TONGLET, *La seigneurie indépendante*, op. cit., p. 79, avec références) et Hawide, une sœur d'Anselme de Faing, qui épouse, vers la même époque, le *miles* Jean de Jodion (voir le chanoine ROLAND, La maison noble de Jodion, dans *Chartes namuroises inédites*, Namur, 1908, pp. 74-83.

[2] D. BARTHELEMY, *Les deux âges de la seigneurie banale.* op. cit. p. 550.

« *fragmentations ethno-civilisationnelles* »[1], singularisent, dans l'espace médiéval, le pays mosan : *Eigenkirchensystem* (système de la paroisse personnelle adopté par l'aristocratie), avouerie « originelle » et donation avec rétention d'avouerie, architecture religieuse romane, tours de chevaliers (habitat fortifié des *milites*).

---

[1] L. SCANDELLA, Fragmentations ethno-civilisationnelles contre mondialisation, *Bulletin financier de la BBL*, aujourd'hui ING, n° 2347, novembre 1999, pp. 1-11.

CHAPITRE IV LA SECONDE ETAPE DE LA PHASE DE BAISSE : LA « *DESTRUCTION CREATRICE* »

Succède à la première étape de la phase de baisse, celle de la « *Destruction Créatrice* ». Pour la définir, on retiendra ici celle, proposée en 1912 par Joseph Schumpeter,: « *Aucune thérapeutique ne peut empêcher le processus économique et social du déclassement des entreprises, des existences, des valeurs culturelles* », conséquence de « *toute poussée économique nouvelle* »[1], déclassement qui n'apparaît jamais que par à-coups. La définition est plus générale que celle proposée dans *Capitalisme, Socialisme et Démocratie*.[2]

1. « *Destruction Créatrice* » et **agriculture**

a. *Les ouvrages d'agronomie*[3]

Des ouvrages ont sans doute exercé une certaine influence sur le renouvellement de la gestion agraire au XVème siècle. Dans *Le dit de Hohebondrie*, un recueil de traités de gestion domaniale anglais, Walter Henley s'inquiète, dans la seconde moitié du XIIIème siècle, du coût de la main-d'œuvre dans l'agriculture ou de la traction animale en matière de labour (bœuf ou cheval). Il

---

[1] J. SCHUMPETER ? *Théorie de l'évolution économique*, op. cit. p. 361. Ici le processus de *Destruction* est généralisé à la politique à la vie sociale, à la culture. Il développe sa pensée dans le chapitre VII, écarté dans les éditions ultérieures de l'ouvrage et dans un, article inédit, Developpement, textes repris dans J. JAEGER, *Le développement au sens de Schumpeter*, op, cit

[2] J. SCHUMPETER, *Capitalisme, Socialisme et Démocratie*, op. cit., p. 116. Ce processus de mutation qui « *révolutionne de l'intérieur la structure économique* », détruit « *continuellement ses éléments vieillis » et crée « continuellement des éléments neufs* ». Cette révolution n'est pas permanente, comme le déclare la plupart des économistes ultralibéraux, qui n'ont manifestement jamais lu Schumpeter dans le texte, mais sporadique, sous forme de « *poussées disjointes, séparées par des périodes de calme relatif* ». Ici seule la « *Destruction Créatrice* » économique est retenue par Schumpeter.

[3] E. LAMONT, *Walter Henley's Husbandry*, London, 1890. PIERRE de CRESCENS, *Les profits champêtres*, Paris, 1965. JEHAN de BRIE, *Le bon berger*, Paris, 1979.

fait le point des connaissances en matière de travaux des champs. Pierre de Crescens, avec le *Liber ruralium commodorum*, fait, de manière plus classique, des propositions en ce qui concerne le faire valoir direct, en 1471. Jehan de Brie rédige un *Traité de bergerie*, pour l'élevage des moutons, à la demande, en 1379, de Charles V, roi de France.

b. *Mise au point de nouveaux outils de gestion de la seigneurie*[1]

Les familles les plus dynamiques surmontent la crise en se dotant d'outils de gestion qui recensent tant les droits que les redevances perçues par la seigneurie, comme le censier de Jean d'Erpent, dressé en 1310, le record des droits (1340-1350) et le censier des Jauche (1444), le *Materloge* des seigneurs de Rochefort (1408)[2]. Des réserves ou des seigneuries sont affermées pour une durée qui dépasse rarement 12 ans, car la gestion directe, « *à tout compter, c'est toute perte* »[3]. Une gestion plus rigoureuse permet de mieux vivre sur des domaines plus réduits.

c. *L'agriculture - L'élevage - Les liens entre la ville et la campagne*

Si on évitera le terme d'immobilisme, on ne peut davantage évoquer de rupture en matière de techniques agricoles, autour de 1450. La productivité progresse lentement. Plus tard, sous l'effet d'une démographie qui tend à reprendre vigueur, on étend à nouveau l'espace consacré à la céréaliculture, en reprenant des terres délaissées et en drainant des sols humides ou en irriguant

---

[1] B. TONGLET, *Essai sur la dynamique médiévale*, op. cit., p. 253.

[2] En pays mosan, on citera, V. DAUBECHIES, *La seigneurie d'Erpent et son censier au début du XIVème siècle*, mémoire inédit UCL, Louvain-la-Neuve, 1988. G. DESPY, *Les campagnes du pays roman de Brabant au Moyen Âge : la terre de Jauche au XIVème siècle,* Louvain-la-Neuve, 1981, pp. 55-86 et 118-183. G. LAMOTTE, *Etude historique sur le comté de Rochefort*, Namur, 1893.

[3] Eustache Deschamps (poète du XIVème siècle), cité par P. CONTAMINE, M. COMPAIRE, S. LEBECQ et J.-L. SARRAZIN, *L'économie médiévale*, op. cit., p. 362.

des sols arides[1]. Chaque région connaît une évolution particulière.

En revanche, on innove incontestablement en matière d'élevage. En Rouergue, « *la propriété et la gestion des herbages se trouvent au cœur d'enjeux économiques cruciaux* ». Les gros propriétaires contrôlent un tiers des herbages. Les bourgeois achètent des prés et tendent à contrôler le marché du foin[2]. En Haute-Marche, au cours de la seconde moitié du XVème siècle, les herbages sont clos avec des fossés et/ou des haies vives, mais on ne peut pas encore généraliser, vers 1500, une mise en place du bocage. En revanche, le foin, l'hiver, « *cristallise le plus les convoitises* ». L'élevage se développe, notamment celui des bovins[3]. En Flandre, l'élevage progresse aussi. En Flandre intérieure, dans un contexte de pression démographique, de terres devenues rares et de micro-exploitations agricoles, le bétail s'avère indispensable, non seulement sur le plan de l'alimentation, mais aussi sur celui de la production d'engrais naturel, qui permet d'obtenir des rendements élevés sur les meilleures terres. Sur les terres médiocres, la technique du pré arable, *pratum arabile* ou *dries*, « *une sorte de culture temporaire* » utilisée à petite échelle, à partir du XIIème siècle dans certains domaines ecclésiastiques, se développe entre 1460 et 1472. Ce sont des parcelles alternativement cultivées ou pâturées. Ces parcelles bénéficient ainsi d'un apport temporaire d'engrais. En Flandre maritime, c'est « *un agro-système commercial* » qui s'impose sous la pression des coûts engendrés par les travaux qui tendent de contenir les inondations maritimes. Ceux qui disposent de moyens financiers, institutions religieuses, bourgeois, notables

---

[1] F. DELLEAUX, *Histoire économique de l'Europe moderne*, Paris, 2015, pp. 20-23.

[2] J. DUMASY, Prés et pâturages en Rouergue au milieu du XVème siècle : En avoir ou pas, dans *Prés et pâtures en Europe occidentale*, F. BRUMONT éd., Toulouse, 2008, pp. 141-150.

[3] D. GLOMOT, « Champs communs, sagnes, pasturaux et prés ». Prairies closes et prairies ouvertes en Haute-Marche au XVème siècle, dans *Prés et pâtures en Europe occidentale*, op. cit., pp. 123-137 et *« Héritage de serve condition », une société et son espace. La Haute-Marche à la fin du Moyen Âge*, Paris, 2013, pp. 332-393.

locaux, rachètent les terres des petits paysans. Le mouvement s'amorce au XIVème siècle. Les propriétaires baillent à ferme leurs terres. La superficie des fermes augmentent comme les fermages ce qui incite les fermiers à augmenter la productivité de leurs exploitations. L'élevage à destination commerciale, notamment celui des bovins, permet de diminuer la main-d'œuvre de l'exploitation. Entre 1454 et 1547, les fermiers substituent des prairies aux terres cultivées. L'élevage est stimulé par la consommation urbaine de viande[1]. En Angleterre, entre 1455 et 1489, les seigneurs et les gros fermiers tendent à clôturer leurs champs, réduisant largement la vaine pâture de la communauté villageoise. On assiste à un accroissement significatif des enclosures entre 1455 et 1489. Elles représentent alors près de 45 % du sol[2].

d. *L'agriculture entre villes et campagnes en pays mosan*

Villes et campagnes sont « *étroitement imbriquées* » selon Claire Billen. L'interaction équilibrée disparaît au profit d'une emprise de la ville mosane sur la campagne environnante. « *Les acteurs citadins poussent la production céréalière de nos régions à devenir rapidement commerciale* », en préférant « *les denrées de masse par rapport aux denrées de luxe* », comme l'indique Claire Billen[3]. C'est le cas du froment (Hesbaye), de la guède (la plante des teinturiers, région de Huy et de Namur), de l'épeautre (région de Dinant et de Namur) et de l'élevage du mouton pour sa laine (Entre-Sambre-et-Meuse et en Condroz). Par ailleurs se développe également la production de légumes au cours du XIVème siècle, notamment autour de Bruxelles, documentée ailleurs par l'existence de « cotilliers » ou maraîchers, à Huy,

---

[1] A. THOEN et T. SOENS, Elevage, prés et pâturage dans le comté de Flandre au Moyen Âge et au début des Temps Modernes. Les liens avec l'économie rurale régionale, dans *Prés et pâtures en Europe occidentale*, op. cit., pp. 79-99.

[2] F. DELLEAUX, *Histoire économique de l'Europe moderne*, op. cit., pp. 24-26.

[3] C. BILLEN Les villes médiévales et leurs campagnes, deux sociétés étroitement imbriquées, dans *Les Cahiers de l'Urbanisme*, 56, septembre 2005, pp. 23-28.

depuis 1375, à Namur, depuis 1404[1]. La ville impose aussi sa mesure de capacité à la campagne proche. Léopold Genicot a souligné l'importance « *des mesures de capacité pour les solides* » (les muids) en ce qui concerne les céréales. « *Le citadin qui, pour placer ses capitaux, achète une rente dans quelque village ne recourt généralement pas à la mesure de ce dernier mais à celle de sa ville, qui lui est familière* »[2]. Les baux à ferme qui fixent le montant de la location sont libellés en muids familiers aussi à l'investisseur. Pour alimenter les villes, des fermiers exploitent de 20 à 50 hectares, avec des parcelles plus grandes. « Les laboureurs », sous le régime du bail à ferme[3], sont des agents économiques ruraux qui contribueront au retournement à la hausse du *trend* séculaire des Temps Modernes.

2. « *Destruction créatrice* » et politique

Y a-t-il, sur le plan politique et institutionnel, une rupture à la fin du Moyen Âge ? Cette rupture se manifeste dans le statut de l'espace dominé. On passe d'un espace privé à un espace public, du détroit fluctuant du château à des limites plus précises, de l'espace atomisé de la seigneurie castrale à la centralité territoriale du royaume, de la domination individuelle au gouvernement des êtres et des choses. La rupture n'est-elle point

---

[1] A. JORIS, *La ville du Huy au Moyen âge*, Liège-Paris, 1959, pp. 283-284. J. BORGNET et S. BORMANS, *Cartulaire de la commune de Namur*, I, Namur, 1876, pp. 253-258. L. GENICOT, Le Namurois politique, économique et social au bas Moyen Âge, op. cit., p. 199 et *L'économie rurale namuroise*, op. cit., IV, pp. 120, 198, 201 et 360. P. CHARRUADAS, Champs de légumes et jardins des blés. Intensification agricole et innovations culturales autour de Bruxelles au XIIIème siècle, *Histoires et sociétés rurales*, 28, 2007, pp. 11-32. L'auteur évoque une « *véritable économie de courtils* », du moins le décollage d'une telle économie. Toutefois, on évitera de proposer « *l'émergence d'un premier capitalisme européen* ».

[2] L. GENICOT, La structure économique d'une principauté médiévale. Le comté de Namur du XIIème au XIVème siècle, article repris dans L. GENICOT, *Etudes sur les principautés lotharingiennes*, Louvain, 1975, pp. 190, 192 et 195 (carte). Le muid de Dinant vaut 0,75 muid de Namur. Ce dernier équivaut à une capacité de 249 litres.

[3] I. PAQUAY, *Gouverner la ville au Moyen Âge. Les élites de la ville de Namur au XVème siècle*, Turnhout, 2008, p. 185.

initiée avec le « Testament » de Philippe Auguste ? « *L'office royal consiste à pourvoir par tous les moyens aux besoins des sujets et à faire passer l'utilité publique avant sa propre utilité* »[1]. On y vient plus tard, avec la montée en puissance des états souverains, avec le royaume de France déjà centralisé et des Etats bourguignons dispersés, avant la victoire finale du roi de France. Quant à la seigneurie, elle se maintiendra, mais en perdant son autonomie, tout en en conservant ses prélèvements. Selon Joseph Schumpeter, « *le déclin de la noblesse ne résultait pas de l'amoindrissement de sa position dans la société, puisqu'elle a su, au contraire, la maintenir remarquablement bien jusqu'à nos jours. Il est dû plutôt à son assujettissement à l'autorité de l'Etat ... Le souverain n'a pas soumis la noblesse en vertu de son pouvoir féodal, mais bien plutôt en tant que détenteur d'un pouvoir constitué sur d'autres bases. C'est à un système nouveau de pouvoirs politiques que la noblesse a dû se soumettre* »[2].

La rupture politique apparaît aussi au niveau de la théorie politique, avec le jurisconsulte italien Ubaldus de Ubaldis (1327-1400)[3]. Sa pensée politique est fondée sur le principe de souveraineté non contrôlée. Il distingue la *plenitudo potestatis*, qui s'impose à tous ceux qui sont en dessous du prince, de la *suprema potestas*, qui implique que personne n'est au-dessus du prince[4]. Au cours de la seconde moitié du XVème siècle, Charles le Téméraire s'inscrit dans la ligne d'Ubaldus de Ubaldis. Il participe, concrètement, à l'élaboration du principe de souveraineté, c'est-à-dire l'exercice d'un pouvoir absolu appliqué au domaine public, mais selon une version radicale. Charles détient son pouvoir de Dieu. Tous ceux qui sont en

---

[1] G. BOIS, *La grande dépression médiévale*, op. cit., p. 146.

[2] J. SCHUMPETER, Les classes sociales en milieu ethnique homogène, dans *Impérialisme et classes sociales*, op. cit., p. 201.

[3] M. BOONE, Charles le Téméraire face au monde urbain : ennemis jurés et fatals ?, dans *Karl der Kühne von Burgund. Fürst zwischen europaïschem adel und der eidgenossenschaft*, Zürich, 2010, p. 195. Voir aussi le point de vue plus nuancé de J.-M. CAUCHIES, *Louis XI et Charles le Hardi*, Bruxelles, 1996.

[4] B. GUENEE, The political thougt of Baldus de Ubaldis, Cambridge 1987, *Annales ESC*, septembre 1990, pp. 1097-1099.

dessous de lui, seront soumis à son autorité[1]. Le prince exerce la justice suprême. Tout qui s'oppose commet « *le crisme de leze majesté* » soumis au principe de la *civitas mori potest si authoritate superioris damnetur*, énoncé par Ubaldus de Ubaldis, soit « *le pouvoir de décider de la vie et de la mort de la communauté urbaine* »[2]. Charles affronte, sans la moindre pitié, le particularisme urbain du pays mosan. Ainsi, aux provocations des petits métiers de la ville de Dinant, un « *crisme de leze majesté* », il réagit, en 1466, avec la mise à sac de la ville[3]. Le crime doit être puni selon la logique de Charles : « *L'affaire du tyran, c'est de rétablir l'ordre dans l'état d'exception* »[4]. Mais sa brutalité le perdra. Louis XI imposera sa souveraineté » aux Etats bourguignons. En revanche, les Médicis à Florence développent une souveraineté sur un territoire élargi, toutefois fidèle à la forme républicaine, avec un régime considéré « *comme le triomphe de la communitas sur la tyrannie* »[5]. D'une manière plus générale, le prince étend sa souveraineté, sur l'espace qu'il a unifié. La théorie de la souveraineté sera consolidée au XVIème avec Machiavel et Jean Bodin.

Pour exercer et étendre sa souveraineté, le prince peut-il supporter seul les dépenses qui en découlent ? « *Le prince devait supporter lui-même les charges financières exigées par sa politique* » remarque Joseph Schumpeter[6]. La guerre de cent ans, qui s'étire de 1337 à 1453, dévore les finances du roi de France :

---

[1] W. BLOCKMANS, « *Crisme de leze majesté* ». *Les idées politiques de Charles le Téméraire*, dans *Les Pays-Bas Bourguignons. Histoire et institutions. Mélanges André Uyttebrouck*, dir. J.-M. DUVOSQUEL, *Archives et bibliothèques de Belgique*, numéro spécial, 53, Bruxelles, p. 73.

[2] M. BOONE, Charles le Téméraire face au monde urbain *: ennemis jurés et fatals ?*, op. cit. p. 195.

[3] B. TONGLET, Aux origines du sac de Dinant en 1466. L'affrontement de trois pensées. Essai de sociologie politique, dans *« Ici fut Dinant ». Autour du sac de Dinant de 1466*, P. SAINT-AMAND et A. TIXHON (dir.), *Les Echos de Crèvecoeur*, 44, 2016, pp. 57-72.

[4] W. BENJAMIN, *L'origine du drame baroque allemand*, Paris, 1985, pp. 65-74.

[5] I. TADDEI, Le système politique florentin au XVème siècle, dans *Florence et la Toscane. XIVème-XIXème siècles. Les dynamiques d'un Etat Italien*, dir. J. BOUTIER, S. LANDY, O. BLOCHON, Rennes, 2004.

[6] J. SCHUMPETER, La crise de l'Etat fiscal, dans *Impérialismes et classes sociales*, op. cit., p. 240.

« *La cause la plus importante des difficultés financières est liée aux frais croissants entrainés par les guerres* »[1]. Une rupture s'imposait. On passe du « *tout ce que je requiers* »[2], seigneurial et subjectif, à la perception, plus rationnelle et mieux encadrée, de l'impôt. Juliette Dumasy décrit bien le processus d'émergence de l'impôt avec l'exemple du Rouergue[3]. Vers 1450, en France, sous Charles VII, le droit à l'impôt est acquis, seul le montant de l'assiette fait l'objet d'une négociation[4]. En Toscane, le *catasto* des propriétés devient, en 1427, la base d'une perception fiscale par feux[5].

Sur le plan militaire aussi, une rupture s'imposait, initiée par Charles le Téméraire, avec la création des compagnies d'ordonnance et le développement de l'artillerie. En 1474, son armée compte 19.800 hommes et est encadrée par des membres de l'aristocratie et des capitaines mercenaires. Cette armée est composée de 2.200 « lances » (sections), regroupant un homme et un valet d'armes, un coutilier, trois archers à cheval, un piquenaire, un arbalétrier et un couleuvrinier. A certains égards, elle pouvait être présentée comme la meilleure d'Europe[6]. L'artillerie va aussi contribuer à la constitution des Etats. Dès 1366, l'armée bourguignonne est dotée de canons. Cette artillerie est l'une des plus performantes de l'époque. Des « *artisans-combattants* » produisent eux-mêmes leurs canons en bronze ou en fer. Des carriers fournissent des boulets en pierre, des métallurgistes, des boulets en fonte. L'artillerie bourguignonne fait une démonstration de sa puissance lors du siège de Dinant en 1466[7]. En 1325, à Florence, on a confié à une ou deux

---

[1] Ibidem, p. 244.
[2] F. de GOURNAY, *Le Rouerge au tournant de l'an mil*, op. cit., p. 289.
[3] J. DUMASY, *Le feu et le lieu. La baronnie de Séverac-le-Château à la fin du Moyen Âge*, Paris, 2011, p. 29.
[4] J. FAVIER, Fiscalité, dans *Dictionnaire du Moyen Âge*, op. cit., pp. 533-535.
[5] C. de la RONCIERE, De la ville à l'Etat régional, dans *Florence et la Toscane*, op. cit., pp.25 et 33.
[6] B. SCHNERB, *L'état bourguignon. 1363-1477*, Paris, 1999, pp. 262-275. M. DE PRETER, *De Gavre à Nancy (1453-1477). L'artillerie bourguignonne sur la voie de la « modernité »*, Turnhout, 2011.
[7] C. GILLET, Enquête sur l'artillerie lourde au siège de Dinant en 1466 : stratégie et puissance de feu, ASAN, 84, 2010, pp. 67-85. M. DE PRETER, *L'artillerie bourguignonne sur la voie de la « modernité »*, op. cit.

personnes la fabrication « *de boulets de fer et de canons de métal* ». Le métal utilisé reste indéterminé, trahissant la difficulté de choisir le métal adéquat pour produire un canon. Sa fabrication avec de barres de fer forgées est complexe et peut provoquer une explosion ou des fuites de gaz. Des canons en fonte sont économiques, mais la fonte est à cette époque encore cassante. Le cuivre est plus léger, mais ne donne pas satisfaction. Le bronze, allié avec un peu d'étain, apparaît comme le matériau le plus résistant, du moins vers 1500. Le canon en bronze est adopté par l'artillerie du roi de France durant le quinzième siècle, tandis qu'on retrouve tant le canon en fer forgé que le canon moulé en bronze dans l'artillerie ducale[1]. En pays mosan, des canons sont fabriqués, notamment, par des fondeurs-canonniers de Dinant. On peut en dénombrer plusieurs dans la seconde moitié du XVème siècle. Ils fabriquent des canons en laiton. Le métal est fourni par des métallurgistes de la ville. La maîtrise de la métallurgie des non ferreux a probablement permis aux artisans de Dinant de se lancer dans ce type de fabrication. Les fabricants de canons qui maîtrisent la métallurgie du cuivre du laiton, du fer forgé et du bronze, sont aussi les maîtres-bombardiers. Ce sont des artisans. Leur production est limitée et réalisée avec l'un ou l'autre compagnon. A l'occasion, les artisans sont renforcés par quelques aides[2]. Mais ils ne seront pas en mesure, ultérieurement, de faire face au développement de l'artillerie.

---

[1] J. F. FINO, L'artillerie en France à la fin du Moyen Age, *Gladius*, 12, 1974, pp. 13-31. P. BENOIT, Artisans ou combattants ? Les canonniers dans le royaume de France à la fin du Moyen Âge, *Actes des Congrès de la Société des historiens médiéviste de l'enseignement supérieur public*, 18, 1987, pp. 287-296.

[2] D.-D. BROUWERS, *Cartulaire de Dinant*, VIII, Annexes et extraits de comptes, Namur, 1908, pp. 41 et 52-64. C. GAIER, Le problème de l'origine de l'industrie armurière liégeoise au Moyen Âge, dans *Armes et combats dans l'univers médiéval*, Bruxelles, 1996, pp. 191-228. M. SUTTOR, *Vie et dynamique d'un fleuve. La Meuse de Sedan à Maastricht (des origines à 1600)*, Bruxelles, 2006, pp. 441-448.

3. « *Destruction Créatrice* » et métallurgie du fer

a. *La métallurgie du fer avant l'invention namuroise*

* L'utilisation préalable du moulin dans la fabrication du fer

La métallurgie du fer s'inscrit dans l'expansion économique des XIIème et XIIIème siècles[1]. Si la réduction du fer s'effectue toujours dans des forges à bas foyer[2] en revanche, on adapte le moulin à la métallurgie du fer avec le martelage hydraulique de la gueuse, peut-être en 1075 à Champagne-Mouton (Charente)[3] certainement, à partir de 1135, à l'abbaye de Clairvaux en Bourgogne, avant de s'implanter dans quelques autres abbayes de l'ordre cistercien[4]. Il semble également utilisé en Angleterre au XIIème siècle[5]. En Italie, un marteau hydraulique est mentionné en 1286 aux fourneaux et fusines de Semogo et de Bormio (Lombardie), en 1315, en Dauphiné[6], en 1335, en pays

---

[1] P. BRAUNSTEIN, le fer et la production de fer en Europe de 500 à 1500, AESC, 27/2, 1972, pp. 408-409.

[2] I. DAVEAU, V. GOUSTARD, J.-J. BAHAIN Mine et métallurgie au haut Moyen Âge. Le site des Fourneaux à vert Saint-Denis (Seine et Marne), *Gallia*, 57, 2000, pp. 77-99. Sur l'évolution du bas foyer, voir M. MATTIOLI, J.-F. BELHOSTE, P. COMITI, La métallurgie directe : Les bas foyers, dans *La métallurgie du fer en Corse. Des bas foyers aux hauts fourneaux* ; XVème-XIXème siècle, coord. J.-F. BELHOSTE, dir. J.-F. BELHOSTE, P.-J. CAMPOCASSO, P. COMITI, Direction du Patrimoine-Collectivité de Corse, à paraître.

[3] C. REMY, Le château mis en eau (Limousin, Périgord et Angoumois), dans *L'eau autour du château*, dir. N. FAUCHERRE, D. GAUTIER et H. MOUILLEBOUCHE, Chagny, 2015, p. 126. : *molendinis et martellos.* : un moulin à fouler ou plus vraisemblablement, à cingler le fer.

[4] P. BENOIT et K. BERTHIER, L'innovation dans l'exploitation de l'énergie hydraulique d'après le cas des monastères cisterciens de Bourgogne, dans *L'innovation technique au Moyen Âge*, dir. P. BECK, Paris, 1996, pp. 58-66.

[5] G. ASTILL, cité par C. VERNA, *Le temps des moulines. Fer, technique et société dans les Pyrénées centrales (XIII-XVIème siècles),* Paris, 2001, p. 81.

[6] *La sidérurgie alpine en Italie (XIIème-XVIIème siècle)*, études réunies par P. BRAUNSTEIN, *Ecole française de Rome*, 290, 2001, voir les articles de E. BARALDI, Ordini e parole dei maestri da forno bresciani et Bergamaschi : lessico della siderurgia indiretta in Italia fra XII e XVII secolo, *voce maglio, mallio*, p. 192, de M. ARNOUX, Aux origines du district de la Valtenine, p. 236 (*item veram 1 de mallio*), de J.-F. BELHOSTE, Mutations techniques et filières marchandes dans la sidérurgie alpine entre le XIIIème et le XVIème siècle, pp. 533-535.

basque[1], en 1341 en Haut Palatinat[2], en 1345, à Marche-les-Dames et Jausse (comté de Namur). « *Cette technique est simple : la roue hydraulique entraîne un arbre sur lequel sont disposées des cames. Les cames agissent sur le manche du marteau qui pivote sur deux tourillons. Son poids le fait ensuite retomber sur l'enclume* », selon la description d'Alphonse Gillard[3]. Au XIIIème siècle, les premiers soufflets hydrauliques, qui stimulent mieux la combustion, apparaissent en Italie aux fourneaux de Plazzola dans le Val Bembana (Bergame) en 1212, de Schilpario, proche de Bormio (Lombardie) en 1251, de Semogo, (Lombardie) en 1286[4]. D'autres sont mentionnés, peut-être à Sahore (Catalogne) en 1321 et dans la région de Briey (Lorraine) en 1323, et, de manière certaine, à Arles-sur-Tech (Pyrénées orientales) en 1414[5].

* La mise en place de forges hydrauliques suppose la maîtrise de l'eau.

Jusqu'au milieu du XVIème siècle, en pays mosan, « *des roues verticales étroites et de grand diamètre* » sont souvent utilisées. On y amène l'eau avec « *un long chenal en bois soutenu par des chevalets* », comme le suggèrent, à cette époque, les peintres Henri Bles (*Les travaux de la mine*) et Lucas Van Valckenborgh (le *Paysage mosan*), observateurs attentifs et précis de la métallurgie. Ensuite, le système hydraulique se présente de la manière suivante: « *A partir de la venne de retenue, l'usinier faisait aménager un bief, dit venne ouvrière, qui conduisait le*

---

[1] C. VERNA, *Le temps des moulines*, op. cit., p. 81.

[2] J.-F. BELHOSTE, Mutations techniques et filières marchandes dans la sidérurgie alpine, op. cit., p. 534.

[3] A. GILLARD, *L'industrie du fer L'industrie du fer dans les localités du comté de Namur et de l'Entre-Sambre-et-Meuse de 1345 à 1600,* Bruxelles, 1971, p. 40.

[4] *La sidérurgie alpine en Italie (XIIème-XVIIème siècle)*, op. cit., voir les articles de E. BARALDI, Ordini e parole dei maestri da forno bresciani et Bergamaschi, op. cit., *voce mantici*, pp. 192-193, de M. ARNOUX, Aux origines du district de la Valtenine, *La sidérurgie alpine en Italie (XIIème-XVIIème siècle)*, op. cit., p. 23 (*furnum cum bonis manticis*), p. 537.

[5] J. CANTELAUBE et C. VERNA, Le souffle de la forge. Soufflets et trompes dans les Pyrénées (XIIIème-XIXème siècle), dans *Du moulin à l'usine. Implantations industrielles, du Xème au XXème siècle*, Toulouse, 2005, pp. 63-65.

volume d'eau réservé au mouvement de la roue ; au-delà de celle-ci, une venne de décharge (bief de fuite) ramenait l'eau à la rivière ». La roue de l'usine est mise en mouvement soit par le flux naturel de l'eau, le *cursus*, soit par le poids et la hauteur de la chute d'eau, le *descessus*. La dimension de la roue a une grande importance : elle est fonction non seulement du volume de l'eau et de sa vitesse, mais aussi de l'équipement de l'usine. Deux types de roues sont utilisés : « *les roues par-dessus à augets nécessitent une retenue et une hauteur suffisante, car c'est le poids de l'eau qui permet d'entraîner la roue. La roue par-dessous à pales réclame un débit régulier mais une chute moins conséquente* »[1].

* La charte de franchise accordée par le comte de Namur aux ferons en 1345[2]

En pays mosan, jusqu'au milieu du XIVème siècle, la production de fer est assurée par des bas fourneaux. En 1345, le comte de Namur, était propriétaire de sept usines nouvellement érigées à Marche-les-Dames, dans la vallée de la Gelbressée, et d'autres à Jausse, dans la vallée du Samson (Voir figure 20). Manquant de main d'œuvre, il a fait appel à des ferons allemands. Ceux-ci exploitent les forges de Jausse, mais à des conditions trop onéreuses[3]. Les ferons allemands menacent de retourner en Allemagne. Pour rencontrer les exigences, le comte accorde une charte aux ferons de Marche-les-Dames et de Jausse, avec l'exemption des tailles, des corvées, de tonlieux, de contributions à l'entretien des enceintes et de prestations militaires, avec

---

[1] C. CLAERR-ROUSSEL, Perspectives historiques, dans J.-F. Belhoste et *alii*, *La métallurgie comtoise. XVème-XIXème siècles*, L'inventaire, Besançon, 1994, p. 132. N. de HARLEZ de DEULON, dir. L ROBBERTS, *Les ouvrages hydrauliques*, Liège, 1997, pp. 43-55. F. DISCRY, *L'ancien bassin sidérurgique du Hoyoux*, dans *Anciens Pays et Assemblées d'Etats*, 50, 1970, pp. 36-37. *Henri Bles. Catalogue d'exposition*, sous la direction de J. TOUSSAINT, Namur 2000, pp. 242-243. A. WIED, *Lucas und Marten van Valkenborch, Das Gesamtwerk mit kritischem oeuvrekatalog*, Lingen, 1990, n° 40 (tableau daté de 1580-*Kunsthistorisches Museum*, Vienne). R. EVRARD, *Les artistes et les usines à fer*, op. cit., p. 133. R. LEBOUTTE, *La grosse forge wallonne (du XVème au XVIIIème siècle)*, Liège, 1979, p. 13.

[2] A. GILLARD, *L'industrie du fer*, op. cit., pp. 219-233 (édition du texte et commentaires).

[3] Ibidem, pp. 41, 221 et 231.

l'octroi d'une garantie de paiements de créances prouvées et solvables, avec la création d'une cour de justice spéciale, hors crime de sang. Les ferons sont exemptés de faire peser leurs produits à la balance comtale et de s'acquitter des droits qui frappent leurs produits, en contrepartie du versement d'une redevance liée à l'utilisation de la force hydraulique, le « coup d'eau », et d'une garantie déposée pour défaut de paiement des cens.

La charte accorde aux ferons l'autorisation d'exploitation des mines de fer qu'ils découvrent eux-mêmes, le bois nécessaire à l'étançonnage de leurs mines de fer et à la fabrication des roues hydrauliques et de tous leurs outils, le libre passage, mais sans encombres, pour les chariots qui amènent les matières premières aux forges, *minne* (minerai de fer), *mynes de charbon* (la loupe de métal est réchauffée au charbon de terre avant martelage), *arsille* (argile qui garnit les parois intérieurs du fourneau - voir les fourneaux de Cologne cités ci-dessous). Le document livre des informations d'ordre technique : utilisation de la force de l'eau dans la fabrication du fer à Marche-les-Dames, capacité des ferons d'élaborer eux-mêmes les roues de leurs forges et de leurs marteaux hydrauliques. Les ferons de Marche-les-Dames se voient accorder le droit de fabriquer du fer, ceux de Jausse, le droit de fabriquer de l'acier.

Comment élaborer ce dernier, sans disposer de « mine d'acier » ou minerai de fer à forte teneur en manganèse ? Selon Biringuccio, on peut faire de l'acier avec n'importe quel minerai de fer. Tout repose sur le savoir-faire du feron : le choix du bois adéquat pour faire du charbon, l'utilisation de la castine (pierre calcaire) qui facilite la fusion du minerai, la multiplication des opérations de réchauffement et du cinglage du métal, pour augmenter sa densité[1]. Quant à Agricola, il suggère, dans la ligne de Biringuccio, de sélectionner « *un fer facile à fondre* », de le broyer quand il est incandescent et de le mélanger « *avec des pierres broyées et fusibles* » (castine). « *Lorsque le mélange est*

---

[1] BIRINGUCCIO, *La pyrotechnie*, Paris, 1572, livre I, chapitre 6 et 7. P. BRAUNSTEIN, L'acier de Brescia à la fin du XIVème siècle : l'apport d'une correspondance d'affaires, dans *La sidérurgie alpine en Italie (XIIème-XVIIème siècle*, op. cit., pp. 476-477.

fondu », il faut les chauffer à nouveau « *avec un feu violent pendant cinq ou six heures* » pour accroître sa densité, le cingler au marteau hydraulique, puis le plonger dans l'eau pour le refroidir et recommencer plusieurs fois ce processus. Ce faisant, on obtient de « *l'acier pur qui est beaucoup plus dur et plus blanc que le fer* »[1]. Les ferons de Jausse ont sans doute utilisé une méthode similaire à celles décrites ci-dessus.

* Les premiers rehaussements de fourneaux à partir du XIIIème siècle

A Lapphyttan (Suède) le four à cuve (XIIIème siècle), atteignait une hauteur de 3 m. Il permettait de produire de la fonte affinée dans huit forges à soufflerie manuelle. La fonte produite était affinée et cinglée selon un procédé local, l'affinage *osemund*, mais pas avant le début du XVème siècle. Le fer était cinglé par des marteaux hydrauliques, montés sur ressorts. Ils permettaient d'obtenir une meilleure densité du métal. On a découvert des traces d'un fourneau similaire à Dürstel en Suisse. Au nord-est de Cologne, des fouilles ont mis au jour deux fours en pierre (hauteur : 3,5 à 4 mètres, diamètre : 3,5 mètres), aux parois intérieures garnies d'argile, le premier, daté de 1205/1300, le second, de 1290/1395. Ces fourneaux étaient plus trapus que les futurs hauts fourneaux mosans. Leur hauteur nécessitait une combustion stimulée par une soufflerie hydraulique, révélée par les fouilles[2].

b. *Invention de la méthode namuroise : 1350-1420*

La charte stimule la capacité inventive des métallurgistes. C'est au cours de la seconde moitié du XIVème siècle qu'un nouveau processus de production apparaît en comté de Namur. Il a

---

[1] AGRICOLA, *De re metallica*, Thionville, 1992, pp. 342-345.

[2] G. MAGNUSSON, An example of medieval iron production, *Medieval iron in Society*, Stockholm, 1985, pp. 21-60. B. GUENETTE-BECK, M. SZENN, V. SENEELS, J. TAUBER, High-tech in the XIIIth century : about the iron production at Düstel, Langenbruck, Baselland, Switzerland, *Early Iron in Europe-Prehistoric, Roman and Medieval Production*, Hüttenberg. L. KNAU, D. HORSTMANN, M. SONNEKEN, La production de fonte dans la haute vallée de la Volme : contribution à l'histoire de la sidérurgie en Westphalie occidentale, dans *L'innovation technique au Moyen Âge*, P. BECK (dir.), op. cit., pp. 152-159. J.-F. BELHOSTE, et *alii*, *La métallurgie normande. XIIème-XVIIème s. La révolution du haut fourneau*, Caen, 1991, p. 37.

probablement bénéficié d'un transfert de technologie. Les métallurgistes allemands de Jausse ont sans doute été témoins des premiers rehaussements du fourneau dans le Sauerland. La confrontation des expériences des ferons allemands et mosans a permis de poursuivre la voie du rehaussement et de concevoir l'affinerie et le matériel utilisé. L'élaboration de ce matériel est sans doute réalisée par des charpentiers (roues, arbres à cames, manches des marteaux hydrauliques), des artisans du cuir (soufflets), des maçons, sous le contrôle des ferons. La région dispose en outre de quatre atouts[1] : des rivières qui actionnent les roues, des minières de fer autour de Fraire et de Morialmé, du charbon de bois et de terre. L'invention de la méthode, sous forme de tâtonnements, apparaît en filigrane à la relecture de quelques documents exceptionnels, relevés par Alphonse Gillard[2]. Je complète les textes par une analyse critique.

Encadré 7 : **Analyse critique des documents**

* 1344/1345 : Jausse (vallée du Samson) et Marche-les-Dames (vallée de la Gelbressée) : forges *à deux fers* ;

Que faut-il entendre par deux fers ? La charte des ferons distingue, indirectement, le fer de l'acier. A partir de 1345, seul le site de Jausse est habilité à faire de l'acier, celui de Marche-les-Dames, du fer. Mais il est tentant d'évoquer déjà la méthode namuroise : production de fonte dans un haut fourneau, du fer, décarburation de cette fonte dans un foyer d'affinerie.

* 1371 : Ermeton : *Hanosse l'affineur* et *Henri le fondeur* : haut fourneau et affinerie ;

---

[1] Ibidem, pp. 53 et 188.

[2] A. GILLARD, *L'industrie du fer*, op. cit., pp. 60, 63, 66, 68, 69, 72, 82 et 90. C'est le seul historien qui évoque origines, données de l'invention (textes répertoriés) et diffusion de la méthode (recensement des usines) dans le comté de Namur. Georges Hansotte (La métallurgie wallonne au XVIème et dans la première moitié du XVIIème siècle, *Bulletin de l'Institut Archéologique Liégeois*, 84, 1972, p. 24), n'apporte guère d'informations sur les problématiques, capitales, de l'invention et de la zone de mise au point. Contrairement à ce qu'il affirme, l'ouvrage d'Alphonse Gillard « *n'est pas incomplet* ». Les textes répertoriés permettent de prendre toute la mesure de la méthode namuroise, textes non pris en compte par l'historien liégeois. Toutes les facettes de la métallurgie namuroise sont retenues, ce qui rend cet ouvrage incontournable tant pour l'historien que pour l'économiste.

Manifestement, à Ermeton, en 1371, le fer est produit en deux étapes, avec un artisan fondeur et un artisan affineur. Ici la méthode namuroise en deux temps est clairement explicitée.

* 1395 : Biesmes : forge *à forger, affiner et à retraire à un grand marteau* ;

On découvre, dans ce texte, la forge qui se décompose en affinage et en martelage ou cinglage. « *Retraire, c'est-à-dire cingler au grand marteau* »[1] (J.-F. Belhoste).

* 1396 : Sart-Eustache : octroi à Hanosse le feron *de faire encore un fourneau partant qu'il lui semblait que l'autre fut trop bas* ;

Pour augmenter la production d'un fourneau et assurer « *une réduction progressive et plus complète du minerai* », il faut augmenter sa hauteur. C'est bien le processus décrit à Sart-Eustache en 1396. En pays mosan, pour augmenter la production du fourneau, on travaille aussi sur la hauteur de celui-ci[2]. Le haut fourneau est une construction en pierre, qui se présente sous la forme d'une pyramide quadrangulaire tronquée. Sa hauteur atteint minimum 5 m, plus tard 8 m.

* 1410 : Acoz : *faire une roue et un petit fourneau* - Jausse, *(avant) 1445 : Jeanmart refait toute neuve la fonderie de la forge Monseigneur et la roue de la fonderie* :

L'amélioration de la combustion du haut fourneau passe par la soufflerie actionnée par l'énergie hydraulique. Cette soufflerie hydraulique est implicitement déjà présente à Ermeton en 1371, à Biesme, en 1395 et explicitement mentionnée à Acoz, en 1410 et,à Jausse, avant 1449, puisque la roue est refaite à cette époque.

*1449 : Jausse : *une rollette pour affiner le fer ;*

Les foyers d'affinerie sont parfois désignés sous le concept de « *rolette* »[3]. Le foyer est « *une cavité rectangulaire garnie de briques réfractaires et qui mesurait 65 cm de long, 45 cm de large et 30 cm de hauteur au-dessus de la tuyère* »[4]. La combustion de l'affinerie est assurée par un soufflet actionné hydrauliquement. Le combustible du foyer est le charbon de bois.

---

c. *La soufflerie hydraulique*

On imagine mal comment assurer la combustion sans air insufflé, de manière continue et importante, ce qui nécessite l'usage d'un soufflet actionné par une voie hydraulique tant pour

[1] J.-F. BELHOSTE et *alii La métallurgie comtois*, op. cit.,, p. 19.
[2] R. EVRARD, *Histoire de l'usine des Vennes*, Liège, 1948, p. 24.
[3] A. GILLARD, *L'industrie du fer*, op. cit., pp. 72, 93, 95 et 108.
[4] R. EVRARD, *Histoire de l'usine des Vennes*, op. cit., pp. 27-28.

le fourneau que pour l'affinerie. L'air est insufflé par des tuyères. En 1531, on mentionne à Ermeton les redevances versées par Huart Davin pour le coup d'eau et les *trois ventailles servant à son fourneau*[1]. Or, selon Nathalie de Harlez de Deulin, une ventaille est « *une porte de bois que l'on baisse ou l'on hausse dans des coulisses pour retenir ou lâcher les eaux d'une écluse* » [2]. Le canal de dérivation, équipé de trois vannes, est destiné à alimenter la roue du moulin qui actionne la soufflerie du fourneau.

Figure 12 : **Soufflerie hydraulique Dessin O. Comuzzi, d'après Taccola, De rebus militaribus (1449)**

Agricola décrit longuement la fabrication du soufflet : « *Chaque soufflet se compose d'un corps et d'une tête. Le corps est formé de deux tables, de deux arceaux et de deux cuirs* ». Chaque table est recouverte de cuir de bœuf. Le soufflet est encastré dans un châssis et actionné par une roue à eau. Il décrit le mécanisme de l'apport d'air : « *Lorsque le levier du bas est abaissé par les cames de l'arbre, le soufflet est comprimé et son nez envoie un souffle d'air. Ensuite, le contrepoids du coffre, à l'extrémité du bras, le relève ainsi que le dessus du soufflet, qui aspire alors de l'air par son évent* ». Selon Agricola, la combustion de chaque fourneau est assurée par deux soufflets[3].

[1] A. GILLARD, *L'industrie du fer*, op. cit., pp. 82, 90 et 115.
[2] N. de HARLEZ de DEULIN, *Les ouvrages hydrauliques*, op. cit., p. 292.
[3] AGRICOLA, *De re metallica*, op. cit., pp. 298-308, avec planches.

Les soufflets de cuir sont coûteux, et ils n'ont pas une longue durée d'utilisation, compte tenu de leur usage intensif[1]. La présence des soufflets, par paire, est signalée en Franche-Comté dès le milieu du XVème siècle, en 1449 et 1452[2]. En 1546, la paire de soufflets en activité dans la forge de Gonneville (Normandie) représentait environ 4,5 % de l'estimation de la valeur globale de l'usine, ce qui entraînera, en 1630, la mise au point de soufflets en bois moins coûteux en Allemagne centrale[3].

d. *Haut fourneau* et *affinerie*

La nouvelle méthode de la fabrication du fer en deux temps est déjà en place en 1371 et sa mise au point se poursuit jusqu'au plus tard en 1410. Le fer est produit en deux temps, réduction et affinage, avant d'être cinglé, après réchauffement au charbon de terre, avec un marteau hydraulique. Les ferons de l'Entre-Sambre-et Meuse namuroise et de Marche-les-Dames tentent avec succès, dans la seconde moitié du XIVème siècle, d'augmenter la capacité de leurs fourneaux en les exhaussant et en stimulant l'indispensable combustion par des soufflets hydrauliques selon les informations fournies par les archives namuroises. Ces hauts fourneaux produisaient toutefois une fonte qui contenait trop de carbone. En revanche, faute de documents, on ne peut décrire le processus de découverte de la décarburation de la fonte en foyer d'affinerie. Selon Jean-François Belhoste, « *à titre de simple hypothèse et compte tenu du fait que* la forge à fondre fer, *construite à Gougnies ... complétait un établissement existant, on peut supposer que le foyer d'affinerie n'était au départ qu'un foyer de réduction directe légèrement adapté* »[4].

[1] M.-C. DEPREZ-MASSON, *Technique, mot et image*, Turnhout, 2006, p. 223.
[2] J. F. BELHOSTE et *alii*, *La métallurgie comtoise*, op. cit. p. 21.
[3] J. F. BELHOSTE et *alii*, *La métallurgie normande*, op. cit., p. 120.
[4] A. GILLARD, *L'industrie du fer*, op. cit., p. 68-69. J.-F. BELHOSTE et *alii*, *La métallurgie comtoise*, op. cit., , p. 19.

Figure 13 : **Haut fourneau du Fourneau Saint-Michel Crédit photographique : O. Comuzzi**

Figure 14 **: Affinerie** : **dessin O. Comuzzi, d'après R. Leboutte**

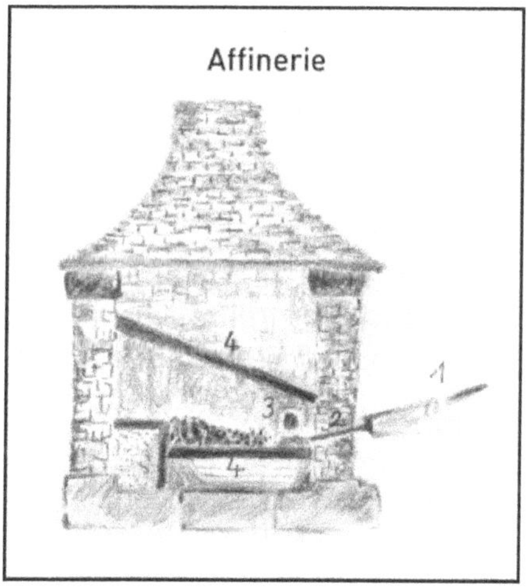

1 : buse des soufflets 2 : tuyère 3 : orifice d'introduction du nez de la gueuse 4 : marâtre en fonte

Il faut enfin, après réchauffement au charbon de terre, à cingler le fer décarburé au marteau hydraulique pour le rendre homogène, le débarrasser des impuretés et obtenir des brâmes ou barres de fer marchand.

Figure 15 : **Marteau hydraulique selon l'Encyclopédie de Diderot et d'Alembert**

e. *Innovation et anticipation de la demande*

La production journalière du haut fourneau atteint 850 à 1000 kg au plus tard au XVIIème siècle[1], contre, semble-t-il, 20 à 30 kg pour le bas foyer au XIVème siècle[2]. On peut mesurer la rupture engendrée par la méthode namuroise dans la métallurgie du fer avec un tel écart de productivité. Les ferons allemands et namurois anticipent ainsi la demande de fer et, parmi d'autres, la demande de canons et de boulets. N'est-ce point ce que Joseph Schumpeter va suggérer plus tard ? C'est l'agent économique, ici

---

[1] G. HANSOTTE, Comment fonctionnait un fourneau liégeois au XVIIème siècle, *Annales du Congrès de la Fédération historique et archéologique de Belgique*, Liège, 1968, I, pp. 159-166.

[2] C'est la production suggérée, en tout cas pour les forges à la lucquoise qui fonctionnent avec des bas foyers, par M. MATTIOLI., Les forges à bas foyer de Corse : permanence d'une technologie (1550-1830/1840, dans *Dal basso fuoco all'altoforno*, a cura di N. CUOMO DI CAPRIO et C. SIMONI, Brescia, 1991, p. 255.

le feron, qui va entrevoir les attentes du prince en quête de souveraineté[1] et augmenter la productivité du processus de fabrication. Et, pour faire face à l'augmentation du poids de certaines pièces d'artillerie, les métallurgistes travailleront, en Normandie, avec un double haut fourneau[2]. Et le premier haut fourneau italien est érigé, sous l'impulsion du duc d'Este en 1494 à Fornovolasco, pour fabriquer des boulets de canon[3]. Le feron anticipe également la demande, de clous, d'outils agricoles et d'autres besoins en matière d'équipements domestiques ou urbains. Le neuf ne doit-il pas être « *inconsciemment semblable à ce qui est désiré* »[4] ?

f. *Zones de mise au point de la méthode namuroise (fer)*

Selon la plupart des historiens, y compris les historiens mosans, la méthode aurait vu le jour dans la région de Liège, sans apporter la moindre preuve[5]. C'est sans doute ce qui a entraîné l'idée de méthode wallonne. C'est pourtant, comme le montre la carte reprise ci-dessous, dans le comté de Namur (l'Entre-Sambre-et-Meuse namuroise), à moins de trente km de Namur, que la méthode est expérimentée (voir Encadré 7) sur trois ruisseaux, ceux d'Acoz (à Acoz), de Sart-Eustache (à Biesme, Gougnies et Sart-Eustache) et de Biert (à Ermeton), proches du bassin minier mosan le plus important du fer autour de Fraire/Morialmé. On retiendra également les vallées de la Gelbressée (Marche-les-Dames) et du Samson (Jausse), situées à une quarantaine de km

---

[1] Voir l'exemple du chemin de fer proposé par Joseph Schumpeter et cité ci-dessus.

[2] J.-F. BELHOSTE et *alii*, *La métallurgie normande. XII-XVIIème siècles. La révolution du haut fourneau*, Caen, 1991, pp. 142 et 173.

[3] E. BARALDI, Un forno « more brixiani » della fine del XV secolo in Garfagnana, *Patrimoine de l'industrie*, 2002, pp. 112-116.

[4] A. BLANCHOT, Le demain joueur, dans *André Breton et le mouvement surréaliste*, *La Nouvelle Revue Française*, 172, 1967, p. 299.

[5] Ce n'est qu'en 1459 que la réduction du fer en deux temps est signalée pour la première fois en principauté de Liège. P. BERTHOLET, cité par J.-F. PASQUASY, *La sidérurgie au pays de Liège. Vingt siècles de technologie*, I, *De la préparation du minerai à la coulée*, Liège, 2013. p. 94.

de ces trois ruisseaux. Toutes ces localités sont situées en comté de Namur[1]. Et seul Jean-François Belhoste retient cet espace[2].

Figure 16 : **Zones de mise au point de la méthode namuroise (fer)** (Infographie B. Tonglet)

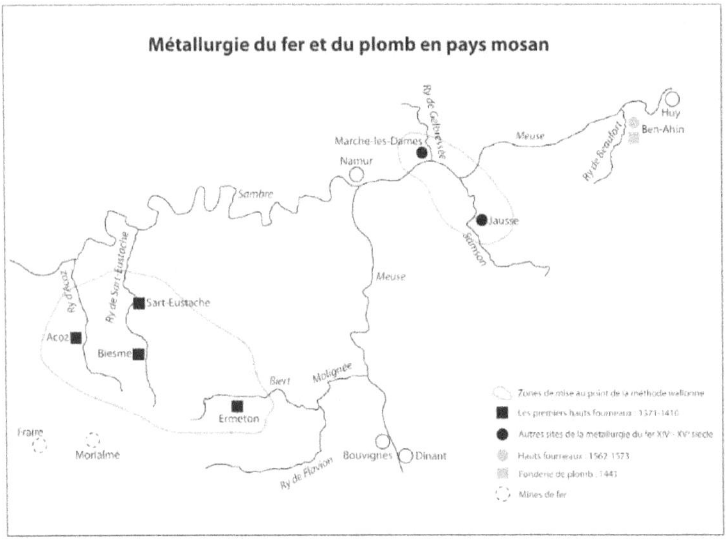

e. *La diffusion de la méthode namuroise*

La méthode namuroise apportera sa contribution au retournement du *trend* baroque. L'onde de choc de cette innovation va perdurer pendant plus de trois siècles. Dans la seconde moitié du XVIème siècle, le comté de Namur compte une trentaine de hauts fourneaux et 60 forges[3]. Le pays de Liège adopte lentement la nouvelle méthode. Dans la seconde moitié du XVIème siècle, on recense vingt-quatre hauts fourneaux, selon Jean Lejeune et Alphonse Gillard, et trente-sept hauts

---

1 L. GENICOT, Le Namurois politique, économique et social au bas Moyen Âge, op. cit., *passim.*

2 J.-F. BELHOSTE, De Philippe le Bon à la guerre de 10 ans : naissance et développement d'une sidérurgie moderne, dans *La métallurgie comtoise*, op.cit, pp. 18-20. Son approche est également fondée sur l'ouvrage d'Alphonse Gillard.

3 A. GILLARD, *L'industrie du fer*, op. cit., pp. 54-55.

fourneaux, selon Georges Hansotte[1]. La méthode est diffusée, au cours du XVème siècle en Franche-Comté[2], dans l'Oise[3], en Normandie[4]. Au cours du XVIème siècle, la diffusion se poursuit en Bretagne et dans le Jura, mais aussi en Angleterre et en Suède au XVIIème siècle[5].

4. « *Destruction Créatrice* » **et métallurgie de l'argent**

Du XIème au XIVème siècle, les techniques minières n'évoluent guère. Aux mines d'argent de Brandes (Isère), on notera cependant que les galeries sont équipées de planchers et de rondins qui permettent d'évacuer le minerai et les stériles avec des traineaux jusqu'aux puits d'entrée et de sortie. Paniers et treuils sont utilisés pour remonter la production. On utilise aussi des échelles. On notera la présence d'un four d'essai[6]. Evêques, princes et seigneurs contrôlent les mines, dominées par des châteaux, comme à Brandes, Largentière (Ardèche), San Silvestro (Toscane), entraînant la naissance d'une agglomération (Brandes, Largentière)[7]. Le minerai extrait était exploitable à une faible profondeur, entraînant une routine dans l'extraction. L'exploitation des mines et la métallurgie de l'argent du sud de la France s'intensifient aux XIIème et XIIIème siècles, mais se contractent au XIVème, avec la crise économique[8]. Les mines de Saxe et de Bohême connaissent des difficultés à la fin du

[1] A. GILLARD, *L'industrie du fer*, op. cit., pp. 54-55. J. LEJEUNE, *La formation du capitalisme moderne*, op. cit, p. 146. G. HANSOTTE, La métallurgie wallonne au XVIème et dans la première moitié du XVIIème siècle, op. cit. pp. 25-27.

[2] J. F. Belhoste et *alii*, *La métallurgie comtoise*, op. cit. pp. 22 et 25.

[3] Ibidem, p. 25. J. F. Belhoste et *alii*, *La métallurgie normande*, op. cit., pp. 50 et 239-240.

[4] *La métallurgie normande*, op. cit., p. 62.

[5] J. YERNAUX, *La métallurgie liégeoise et son expansion au XVIIème siècle*, Liège, 1939.

[6] M.-C. BAILLY-MAITRE, *L'argent. Du minerai au pouvoir dans la France médiévale*, Paris, 2002, p. 197.

[7] Ibidem. *Mines et pouvoir au Moyen Âge*, dir. M.-C. BAILLY-MAITRE et J.-M. POISSON, Lyon, 2007.

[8] M.-C. BAILLY-MAITRE, *L'argent. Du minerai au pouvoir dans la France médiévale*, op. cit.

XIVème siècle[1]. Les gisements sont enfouis dans les entrailles de la terre. Les galeries sont de plus en plus longues, les puits de plus en plus profonds. La ventilation et la problématique de l'évacuation des stériles et de l'eau, sont propices à stimuler l'invention. Tardivement, entre 1400 et 1450, la « *Destruction Créatrice* » est à l'œuvre en Europe centrale. Le changement dans les mines et les méthodes de production anticipe la famine monétaire et les besoins financiers générés par les guerres. Les inventions, qui apparaissent dans la première moitié du XVème siècle, sont diffusées dans la seconde moitié du XVème. Elles sont décrites par les artistes, et les rédacteurs d'ouvrages techniques. On retiendra les illustrations reprises dans le *Graduel de Kutna Hora* (Bohème-1490), le *Graduel de Saint-Dié* (Vosges-vers 1513), et le *Schwazerbergbuch* (Tyrol-1556), dans les dessins d'Heinrich Goff relatifs à La Rouge Myne de Sainct Nicolas de la Croix (Vosges-vers 1530)[2], dans les ouvrages techniques de Biringuccio et d'Agricola, *La pyrotechnie* et le *De re metallica*. On retiendra aussi les informations livrées par l'archéologie (fouille de la mine de Pampailly)[3].

a. L'innovation dans les mines

Ce sont les techniciens des mines allemands, les *maîtres de montagne* et les maîtres niveleurs, dont la compétence reposait sur l'observation et le savoir-faire, qui ont inventé, au cours de la première moitié du XVème siècle, et diffusé, au cours de la seconde, le nouveau système d'exploitation minière (nouvelle technique de creusement des galeries, ventilation, roulage, exhaure et levage). Ce système a été complété par de nouvelles utilisations du moulin, le diffuseur « universel » de la force de l'eau.

---

[1] P. BRAUNSTEIN, Les entreprises minières en Venetie au XVème siècle, *Mélanges d'archéologie et d'histoire*, 77/2, 1965, p. 530.

[2] Pour le Graduel de Kutna Hora, voir la reproduction livrée par M.-C. BAILLY-MAITRE, *L'argent*, op. cit, p. 7. Le Graduel de Saint-Dié, *L'art de l'enluminure*, sept-oct-nov 2008, pp. 62-67. *La mine mode d'emploi. La Rouge Myne de Sainct Nicolas de la Croix. Dessins par Heinrich Groff*, Paris, 1992. *Schwazerbergbuch*, H. Winkelman éd., Bochum, 1977.

[3] P. BENOIT, *La mine de Pampailly*, Lyon, 1997.

Le creusement des galeries, mis au point dans la première moitié du XVème siècle par les maîtres mineurs allemands, fait l'objet d'une nouvelle organisation fondée sur deux mineurs : le premier travaille agenouillé, « *trace le chemin* », le second, debout, l'élargit, mais aussi assure le nivellement[1]. Le pic permet de creuser un filon friable. Si le filon est très dur, on l'attaque au feu. Alimenté au bois, il fractionne la roche[2]. Ces techniques d'abattage sont anciennes et constituent le point faible des techniques minières selon Paul Benoit. Dans les galeries, on notera l'adoption de la technique du « roulage », avec l'utilisation de chariots sur voie en bois pour évacuer le minerai et les stériles[3]. La profondeur des mines implique de les ventiler. On va mettre en place soit une machine d'aération, avec l'introduction du vent de manière simple ou « *avec un long conduit fait de quatre planches assemblées en carré et assez long pour atteindre le fond* », soit une machinerie soufflante (ventilateur et soufflet), actionnée manuellement ou par voie hydraulique[4]. L'exhaure ou la problématique de l'évacuation de l'eau retient aussi l'attention. L'écoulement par gravité, ou galerie d'exhaure naturelle, avec le creusement en travers-banc, qui tient compte de la géologie et de l'impératif de déclivité, et l'exhaure mécanique, concrétisée par des *eschenaux*, ou gouttières en pin, qui recueillent l'eau et la conduisent dans des puits[5]. La remontée de l'eau est assurée par levage (seaux, chaînes à godets), ou par pompage, manuel ou hydraulique[6]. On mentionnera la « machine à mulette » : « *Elle consistait en une chaîne sans fin, supportée en haut par un arbre de couche et descendant jusqu'au fond du puits où elle passait autour d'un tambour. Les éléments de la chaîne portaient des poches en cuir ou des récipients en bois. La rotation de l'arbre de couche imprimant un mouvement continu à la chaîne, chaque récipient*

[1] P. BENOIT, *La mine de Pampailly*, op. cit., pp. 42-43 48-49.
[2] AGRICOLA, *De re metallica*, op. cit., pp. 83-84.
[3] P. BENOIT, *La mine de Pampailly*, op. cit., p. 50. *La Rouge Myne*, op. cit., pp. 26-27 et 75. *Graduel de Saint-Dié*, op. cit., pp. 62 et 64. Voir aussi le *Schwazerbergbuch*, op. cit., pp. 106, 114, 131 et 136.
[4] AGRICOLA, *De re metallica*, op. cit., pp. 163-174.
[5] P. BENOIT, *La mine de Pampailly*, op. cit., p. 41.
[6] AGRICOLA, *De re metallica*, op. cit., pp. 135-163.

descendait vide d'un côté pour remonter plein de l'autre.»[1]. D'autres engins de levage sont utilisés : treuils manuels à manivelle, engins à engrenages, plus lents, mais qui soulagent l'effort des manœuvres, utilisation de chevaux ou d'une roue hydraulique pour actionner ces treuils[2].

On peut parler d'un nouveau système technique minier (innovations majeures), « orchestré » en Europe centrale, « *où chacune des techniques ne prenait sa valeur que dans ses rapports avec les autres* »[3]. On retiendra nivellement, « roulage » sur voie en bois, machinerie d'aération, *eschéneaux*, machine à « mulettes ». Les innovations induites sont représentées par le recours à la voie hydraulique.

b. *La préparation du minerai*

Il s'agit d'examiner la chaine opératoire de la préparation du minerai et de déceler les nouveautés mises en place. Agricola décrit, de manière détaillée, avec des dessins suggestifs, les diverses formules de la préparation du minerai (tri, première fragmentation, broyage au bocard, lavage, grillage), au livre VIII de son ouvrage[4]. Le tri et la première fragmentation figurent dans deux dessins (pp. 216 et 218). Le minerai est alors broyé au bocard (pp. 224-230).

C'est un broyeur hydraulique composé de poutres, verticales et ferrées. L'eau est acheminée par une conduite en bois sur une roue qui entraîne un arbre à cames garni de poutres. Les poutres se soulèvent d'une trentaine de centimètres, avant de retomber, d'écraser le minerai et de le réduire en poudre. Le bocard aurait été inventé par Sigismund de Maltiz en 1507[5]. Or la diffusion est attestée au plus tard entre 1505 et 1515. L'invention n'est-elle donc pas antérieure ? C'est une innovation majeure (broyage) et une innovation induite (roue hydraulique).

---

[1] L. SCHICK, *Jacob Fugger*, Paris, 1957, p. 258.

[2] Ibidem, pp. 123-132.

[3] P. BENOIT, *La mine de Pampailly*, op. cit., pp. 49-50.

[4] AGRICOLA, *De re metallica*, op. cit., p. 215 et suivantes.

[5] Ibidem, p. 107.

Figure 17: **Le Bocard selon l'Encyclopédie de Diderot et d'Alembert**

Agricola répertorie alors plusieurs types de station de lavage du minerai : cuves et tamis en cuivre (p. 232) ou en toile de lin (p. 269), lavoir composé d'une succession de bassins disposés en gradins et séparés par des planches amovibles où l'eau est agitée (p. 234). On retiendra aussi deux installations particulièrement sophistiquées, qui traitaient le minerai en continu, avec un broyage du minerai humide. Dans le premier cas, la roue actionne tant une meule qui fractionne le minerai que de petits axes métalliques verticaux agitant le minerai poudreux dans des baquets remplis d'eau (pp. 239-240). Dans le second, après broyage, il glisse dans deux grands bassins où l'eau est régulièrement agitée manuellement. Le minerai est retenu par un filtre formé par des branches de sapin tressées tandis que la boue s'écoule au travers des mailles (pp. 254-255 et 261). Il s'agit de séparer avec un courant d'eau, le minerai en poudre et les impuretés par densité. Les stations de lavage sont des installations novatrices et des innovations majeures. On passe alors au grillage, qui oxyde le minerai par le feu. Le grillage est réalisé dans des stalles (pp. 219-222) de faible hauteur.

c. *La métallurgie des non ferreux (cuivre-plomb-argent)*

Au XIIIème siècle, la métallurgie de l'argent fonctionne avec un *furnus cum rota*, avec un four dont la combustion est stimulée par une soufflerie hydraulique, selon le *codex Wangianus* de Trento (Italie), rédigé sous l'autorité de l'évêque en 1208 : *Omnes werki qui habent rotas et qui ad rotas laborant arzenterie debeant habitare in civitate et cives tridentini esse*, « tous les métallurgistes qui ont des usines qui utilisent des roues et réduisent l'argent à l'aide de l'énergie hydraulique, doivent habiter et être citoyens de Trente » [1]. On retrouve le traitement en deux temps, four et affinage, au XVème siècle, en Allemagne centrale. La combustion du fourneau de réduction est stimulée par des soufflets hydrauliques. La hauteur du fourneau, maximum 1,5 mètre, permettait aux métallurgistes d'alimenter continuellement le four en minerai et en charbon de bois durant la réduction. On obtenait des mattes de métal[2]. Le minerai réduit est soumis à une chaleur intense dans un four d'affinage.

Figure 18 : **Fourneau d'affinage : dessin O. COMUZZI d'après Heinrich Gross**

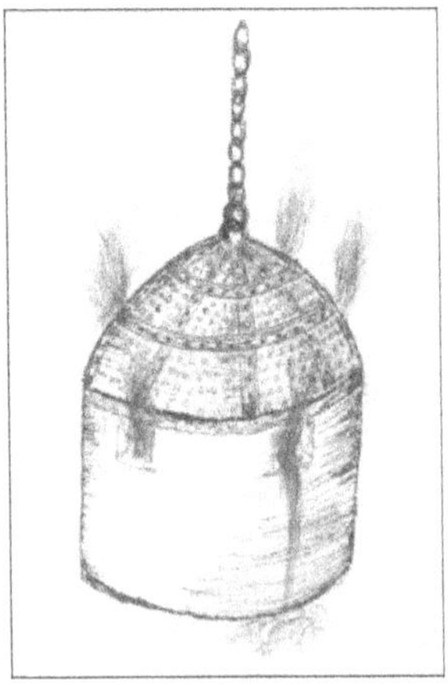

On y enfourne d'énormes bûches. La chaleur provoque une réaction, la coupellation[3]. A la *Rouge myne*, au cours de

[1] Europaïsche Montanwesen im Hochmittelalter. Das Trienter Rechberg, 1185-1214, éd. D. HAGERMAN et K.-H. LUDWIG, Cologne-Vienne, 1986, p. 74.
[2] L. SCHICK, *Jacob Fugger*, op. cit., pp. 264-271.
[3] M.-C. DEPREZ-MASSON, *Technique, mot et image*, op. cit., p. 264.

l'affinage, l'oxyde de plomb ou *litharge* reste à la surface. Il est écrémé. Lorsque l'écrémage se craquelle, l'argent apparaît. Les dessins d'Heinrich Goff reproduisent fourneau de réduction et four d'affinage avec couvercle[1]. La tradition caractérise, sans innovation, réduction et affinage.

C'est vers le milieu du XVème siècle qu'on retraite, en Europe centrale, le cuivre dans un fourneau de « ressuage » ou *Seigerhüttenprozess*. Après l'affinage, tout l'argent n'était pas extrait du cuivre. Les métallurgistes allemands vont inventer, au cours du XVème siècle, la méthode du « ressuage »[2]. Le métal cuivreux, mélangé à du plomb, est chauffé lentement dans un four simplifié et bas où l'argent « ressuait » ou, autrement dit, dégouttait. L'argent résiduel était ainsi quasi récupéré. En 1509, « *Jacob Fugger estimait ... que des 423 demi-onces d'argent fin contenues dans 36 quintaux de cuivre, on pouvait extraire* » maintenant « *410 demi-onces* ». De déficitaire, la métallurgie du cuivre devenait largement rentable. Quant au cuivre résiduel, chargé d'impuretés, il était encore affiné plusieurs fois, avant d'obtenir un métal presque pur[3]. Le « ressuage » est incontestablement une innovation majeure.

---

[1] *La mine mode d'emploi*, op. cit, pp. 50-51 et 81-82.
[2] P. BENOIT, *La mine de Pampailly*, op. cit., pp.75-76.
[3] Voir à ce sujet L. SCHICK, *Jacob Fugger*, op. cit., pp. 253 et 267-271.

CONCLUSIONS

1. Un *trend* répétitif et déterministe ?

Peut-on parler de répétition de déterminisme à propos des cycles ? « *Par périodicité* », selon Joseph Schumpeter, « *on peut entendre deux choses : ou bien le seul fait que chaque essor est suivi d'une dépression* » et réciproquement ; « *ou bien la longueur concrète du cycle, mais cela, aucune théorie ne peut l'expliquer arithmétiquement, car cela dépend des données concrètes à chaque cas particulier* »[1]. Nicolas Kondratieff est également nuancé. On ne peut parler de « *règle absolument générale* »[2]. Si cycle il y a certainement, aucun ne coïncide vraiment. Chacun se développe d'une manière similaire, mais tout en ayant ses propres particularités. Et si les quatre phases du *trend* séculaire s'apparentent au retour du même, ses « *soubresauts* »[3] sont partiellement imprévisibles car, au sein de ceux-ci, les concepts évoluent de manière analogique. Qu'est-ce que l'analogie ? L'analogie établit des rapports de ressemblance entre des objets aussi éloignés soient-ils par ailleurs[4]. La dynamique discontinue et son mouvement fluctuent, à chaque époque, en fonction de styles qui se manifestent non de manière péremptoire, mais relative : l'esprit économique (type d'agent économique et sa motivation, entre satisfaction des besoins ou recherche du profit), l'organisation de la société (degré de liberté, économie fermée -autarcie- ou ouverte - échange), le type d'unité de production (artisanat, usine, manufacture, entreprise), la forme de la technique ou de l'innovation (empirique, technique ou scientifique, degré d'intensité), et la création monétaire (émission fondée sur l'or, sur la création *ex nihilo*, sur le

[1] J. SCHUMPETER, *Théorie de l'évolution économique*, op. cit., p. 310.

[2] N. D. KONDRATIEFF, *Les grands cycles de la conjoncture*, op. cit., p. 137.

[3] BAUDELAIRE, OC, I, Paris 1975, p. 276.

[4] Dit d'une autre manière, l'analogie peut être définie comme une comparaison : « *La comparaison a pour fonction de mettre en évidence les similitudes ainsi que les différences* » (F. LOCATELLI, L'inépuisable fonds de l'universelle analogie : Baudelaire et la comparaison, dans *L'analisi linguistica e letteraria*, 20, 2012, p. 74).

quantitative easing[1]). On peut en prendre la mesure en évoquant brièvement les autres *trends*.

Encadré 8 : **Brève analyse du *trend* séculaire baroque**

Pour décrire l'économie des temps modernes, deux historiens, Frédéric Mauro et Renata Ago, ont repris un concept artistique, celui de baroque. Comment le définir ? Une perle irrégulière, si l'on s'en tient à l'idée du concept portugais de *barocco*, une idée bizarre, excentrique, difforme, adipeuse, gonflée artificiellement par l'or et l'argent ramené, surtout d'Amérique, à partir de la fin du XVème siècle. Frédéric Mauro, en 1966, évoque ce caractère baroque « *par l'opposition entre une économie de subsistance, toujours au bord de la misère, où l'équilibre ressources-démographie se rétablit perpétuellement grâce à des famines meurtrières et une économie de gaspillage, de munificence où s'investissent des sommes énormes dans le négoce et le transport de produits de luxe, ... des capitaux sans emploi ou mal employés , des bourgeoisies se réfugiant sur leurs terres, voilà du baroque au sens vulgaire et scientifique du terme* »[2]. Le titre de l'ouvrage de Renata Ago est plus explicite, « *Economia barocca.* C'est une économie qui se développe entre économie féodale et économie de marché, une économie, entre d'une part « *un ordre social nécessaire et légitime, influençant la définition des droits de propriété* » et d'autre part « *la faiblesse de la demande* », mais toutefois proche de l'économie de marché, « *car tous les facteurs de production passent par le marché et parce que ce dernier, à quelques exceptions près, détermine le prix des biens échangés* »[3]. Mais tout passait-il déjà par le marché ?

---

[1] Technique de relance de l'économie, utilisée depuis quelques années par les Banques centrales, par une création monétaire sous forme de rachats d'actifs financiers publics. Cette relance stimule dans les faits la spéculation et les marchés financiers et non l'économie réelle et les investissements des entreprises. Mais il ne sert à rien de pousser à boire un âne qui n'a pas soif. Les Banques centrales ont néanmoins poursuivi cette politique, preuve évidente que celles-ci sont aux ordres des marchés financiers, avides de spéculation, ce qui motive l'impérative nécessité du contrôle démocratique de ces Banques.

[2] F. MAURO, *Le XVIème siècle européen. Aspects économiques*, Paris, 1966, p. 318.

[3] R. AGO, *Economia barocca. Mercato e istituzioni nella Roma del Seiceno*, Roma 1998. Voir le compte-rendu de M. MARTINAT, *Revue de Synthèse*, 127, 2006/2, pp. 473-475 (les citations sont tirées de ce compte-rendu).

Le retournement à la hausse

Selon Donald Coleman, le mouvement de l'économie, entre 1500 et 1750, s'inscrit plutôt dans la continuité. La technologie de cette époque révèle « *plus de stagnation que de mouvement* »[1]. En réalité, le mouvement du *trend* séculaire est lent, « *peu perceptible* », comme l'indique Fernand Braudel. Lors du retournement à la hausse du *trend*, au milieu du XVème siècle, le choc de l'innovation politique, celui de la souveraineté, est moins intense que celui de la seigneurie castrale, celui de l'agriculture, limité à quelques régions, comme celle de la Flandre, celles des herbages, et celle des enclosures anglaises, tandis que l'innovation technique se manifeste notamment dans le secteur de la métallurgie. Le contexte n'est guère propice à une économie artificiellement gonflée par l'afflux de métaux précieux. Avec des styles bizarres, on engendre un *trend* baroque.

La phase de hausse

L'économie baroque est caractérisée par les éléments suivants :

* Le mouvement de la production agricole, prépondérant, reste difficile à appréhender, partagé entre l'importance de l'autoconsommation chez les petits paysans et les fermiers, notamment ceux de l'Ile de France, qui s'emploient à alimenter les marchés céréaliers des villes dont la population ne cesse de grandir.

* La part de la production artisanale et industrielle reste limitée, « *les manufactures ne représenteront jusqu'au XIXème siècle qu'une très petite partie de la production* », comme le suggère quelque part Fernand Braudel, même si la métallurgie (fer et des non ferreux) va connaître un large développement. On mettra en exergue Jacob et Anton Fugger, des marchands. Ils sont toutefois associés à un maître de forge, Hans Thurzo, qui gère techniquement les mines et fonderies de cuivre et d'argent regroupées dans leur association. A la suite d'un prêt accordé au duc du Tyrol en 1487, ils bénéficient de concessions minières de cuivre au Tyrol et en Hongrie. Le minerai est traité dans les fonderies qu'ils ont érigées. Ils sont également, comme de rares marchands mosans du bas Moyen Âge, motivés par la maximalisation du profit, trahissant une mentalité précapitaliste. En vingt ans, de 1526 à 1547, l'actif industriel des Fugger double[2]. Cette association est

[1] D. COLEMAN, cité par I. WALLERSTEIN, *Le système monde du XVème siècle à nos jours*, II. *Le mercantilisme et la consolidation de l'économie-mondez européenne*. 1600-1750, Paris, 1984, p. 9.

[2] L. SCHICK, *Jacob Fugger*, op. cit. F. DELLEAUX, *Histoire économique de l'Europe moderne*, op. cit., pp. 48-49.

exceptionnelle[1]. Mais le plus souvent, le marchand est étranger à la production, Comme l'indique judicieusement Fernand Braudel, « *il est significatif que sauf exception, il ne s'intéresse pas au système de production et se contente, par le système du travail à domicile, du putting out, de contrôler la production artisanale pour mieux s'en assurer la commercialisation*»

* A défaut d'une dynamique discontinue du principal secteur économique (l'agriculture), les centres commerciaux importants, Venise (XIVème-XVème siècles), Anvers, 1500-1568), Gênes (1557-1627), retiennent l'attention de Fernand Braudel et contribuent à la phase d'expansion du *trend.* Mais si les échanges peuvent relayer l'innovation, ils ne sont pas à l'origine des *trends.*

* L'évolution des prix mérite une grande attention. Le mouvement de hausse est-il caractérisé par un phénomène nouveau, l'inflation[2] ? Non. J'ai mis en exergue, à la suite de Guy Bois, l'inflation et la stagflation du mouvement de hausse du *trend* du bas Moyen Âge. Faut-il par ailleurs évoquer une révolution des prix à la suite de Fernand Braudel[3], révolution contestée par Carlo Cipolla[4] ? On retiendra « *la courbe autoritaire des prix du blé* », la plus fiable, en distinguant une première partie, de 1460 à 1540 et une seconde, de 1540 à 1580. La première peut être considérée comme l'évolution classique des prix durant la phase de hausse des cycles, qui engendre une indispensable inflation « créatrice ». En revanche, l'afflux des métaux précieux américains n'a entraîné une hausse certaine des prix qu'après 1520, sans doute essentiellement dans la seconde moitié du siècle, si l'on suit les statistiques de Earl Hamilton et notamment les arrivages de métal blanc, qui passent de 865 tonnes pour la décennie de 1531/1540, à 942 tonnes pour la décennie de 1561/1570 et à 2707 tonnes pour la décennie de 1591/1600[5].

Selon Braudel, cette montée des prix reste difficile à cerner. Mais le phénomène est bien là. Les hommes de l'époque sont conscients du phénomène. Braudel cite à ce sujet le témoignage du sire de Gouberville en 1560 : « *Du temps de mon père, on avait tous les jours de la viande, les mets étaient abondants, on engouffrait du vin comme si c'eut été de l'eau. Mais aujourd'hui tout à bien changé : tout est coûteux ... la*

[1] L. SCHICK, *Jacob Fugger*, op. cit., 1957.
[2] F. DELLEAUX, *Histoire économique de l'Europe moderne*, op. cit., p. 66.
[3] F. BRAUDEL, *Destins collectifs et mouvements d'ensemble*, op. cit.,, p. 201
[4] C. CIPOLLA, La prétendue « révolution des prix » : réflexions sur « l'expérience italienne », *AESC*, 10 /4, 1955, pp. 513-516.
[5] E. J. HAMILTON, cité par B. BENNASSAR et J. JACQUART, *Le XVIème siècle*, Paris, 2002, p. 36.

nourriture des paysans les plus à leur aise est bien inférieure à celle des serviteurs d'autrefois »[1]. On constatera que Braudel/Spooner[2] et Abel convergent à propos du mouvement de hausse, mais divergent pour le retournement à la baisse.

Quant au multiplicateur, il a fonctionné, non pas de manière classique, mais sous l'action de l'afflux des métaux précieux et de son affectation à des dépenses guerrières ou somptuaires. Pour le sire de Malestroit, chargé d'une enquête sur la hausse des prix en 1566 par le roi Charles IX, « *on se plaint à tort de l'enchérissement de toutes choses, attendu que rien n'est enchéri depuis trois cents ans* ». Pour un même produit, un acheteur ne fournit pas plus de métal précieux qu'auparavant. Le raisonnement en termes de monnaie de poids ou de cours légal, est correct. En revanche, « *il y a beaucoup à perdre sur un escu, ou autre monnoye d'or et d'argent, encore qu'on la mette pour mesme prix qu'on la reçoit* ». La même unité de compte correspond à moins de métal précieux en 1566. Le pouvoir d'achat d'un revenu fixe s'érode sous l'effet de l'inflation. La hausse des prix est la conséquence de l'altération « physique » des monnaies[3]. Selon Jean Bodin, dans sa *Réponse* de 1468, « *la principale et presque seule cause (que personne jusques icy n'a touchée) est l'abondance d'or et d'argent* », ce qui entraîne « *la cherté des choses* »[4]. Il pense déceler un lien entre l'expansion monétaire et la hausse des prix. Pour ma part, jusqu'en 1560, c'est le sire de Malestroit qui a raison. Mais c'est à la suite de Jean Bodin que la pensée monétaire d'aujourd'hui, dominée par Hayek et Friedman, repose sur deux idées largement contestables : toute inflation est toujours d'origine monétaire et la monnaie, toujours neutre, n'exerce aucune influence sur la croissance.

La phase de retournement à la baisse

Dans un contexte d'afflux de métaux précieux, de guerres et de statistiques inexistantes en ce qui concerne la production, il est bien difficile de cerner la phase de retournement. En se fondant indirectement sur la courbe autoritaire du blé, soit sur le rendement des

---

[1] *Journal du sire de Gouberville*, cité par F. BRAUDEL et F. SPOONER, Les prix en Europe de 1450 à 1750, op. cit., p. 97.

[2] F. BRAUDEL et F. SPOONER, Les prix en Europe de 1450 à 1750, dans *Ecrits sur l'histoire*. II, op. cit., p. 149.

[3] *Les paradoxes du seigneur de Malestroit*, texte mis en ligne. J. BLANC, La France de François Ier à Louis XIV : souveraineté, richesse et falsification, dans *Les pensées monétaires dans l'histoire. L'Europe, 1517-1776*, dir. J. BLANC et L. DESMEDT, Paris, 2014, pp. 348-352.

[4] J. BODIN, *La response* à M. de Malestroit, éd. H. HAUSER, Paris, 1932.

dîmes, on peut tenter d'appréhender le pic de la production. Ce rendement s'effondre, de 1580 à 1600[1]. Il semble qu'à la même époque, on assiste aussi à un fléchissement de la production industrielle, notamment dans le secteur du textile[2]. En ce qui concerne les prix, Braudel évoque un pic du blé entre 1590 et 1600 pour les pays du sud, entre 1630 et 1650[3] pour les pays du nord. Mais, selon le graphique proposé par Abel, le pic se situerait plutôt entre 1590 et 1600. Pour ma part, la phase de retournement du cycle commencerait vers 1580 pour se terminer vers 1620, avec une évidente stagflation.

La phase de baisse

En 1615, vers la fin de la phase de retournement à la baisse, Antoine de Montchrestien publie un ouvrage qui émet des suggestions pour relancer l'économie et pour enrichir la France. Est-ce un hasard ? A-t-il entrevu, de manière intuitive, la direction du mouvement de l'économie ? Quant à sa méthode, elle semble avoir consisté à observer avant de déduire. De son ouvrage, on mettra en exergue les idées suivantes. La richesse du royaume est produite avec « *ces trois sortes d'hommes, Laboureurs, Artisans, Marchands, tout Estat est nourri, soutenu, entretenu. Par eux tout profit vient et se fait* ». La concurrence économique, entre les entreprises, mais surtout entre les nations, stimule l'activité économique, sous la forme de « *l'aemulation* » qui « *est en toutes choses, un grand aiguillon à bien faire* ». L'échange international doit être régulé par un certain protectionnisme qui implique d'exporter autant que possible et d'importer seulement les biens qui ne peuvent être produits au sein du royaume afin d'éviter au maximum toute sortie de devises, source de diminution des richesses du pays. Enfin l'autorité publique impose un règlement à la production, en contrôlant la compétence des artisans, la qualité de leurs produits, mais aussi des prix pratiqués : « *que les choses à vendre se vendent au plus juste prix* ». L'Etat veille enfin à la création de manufactures publiques. Initiative privée et initiative publique président donc aux destinées de l'économie pour *« l'accommodement des choses nécessaires à la vie »*[4].

[1] E. LE ROY LADURIE, cité par A. JOUANNA, *La France du XVIème siècle. 1483-1598*, Paris, 2012, p. 625.

[2] A. JOUANNA, *La France du XVIème siècle*, op. cit., p. 626.

[3] F. BRAUDEL et F. SPOONER, Les prix en Europe de 1450 à 1750, op. cit., pp. 70 et 149.

[4] A. de MONTCHRESTIEN, *Traicté de l'oeconomie politique*, Genève, 1999, pp. 68, 72, 287 et 377. G. DOSTALER, Antoine de Montchrestien, inventeur de l'économie, *Alternatives économiques*, 279, avril 2009, pp. 74-76.

« *Y a-t-il une crise du XVIIème siècle ?* » C'est la question posée par Immanuel Wallerstein[1]. Il reste des zones d'ombres, inhérente à l'indigence et à la divergence des statistiques disponibles, davantage ici que dans le *trend* précédent. Baroque, le *trend* l'est, avec un choc des innovations majeures moins intenses. La crise s'avère aussi moins intense. Sa régulation se traduit davantage par un ralentissement plutôt qu'une chute de la production et surtout des prix.

En ce qui concerne la production, Pierre Vilar évoque « *un recul relatif du XVIIème siècle* », Pierre Chaunu, une alternance cyclique, moins de « *croissance/décroissance* » que de « *croissance/moindre croissance* », François Simiand, « *non pas ... l'inverse de ce qui s'est produit en phase A* » (la phase de hausse), « *mais ... une augmentation atténuée ou une stabilisation, et non plus une continuation de la hausse* ». La prospérité d'Amsterdam et de la Hollande s'inscrirait dans cette ligne. Toutefois, on prendra également en compte « *l'évolution divergente des productions* » suggérée par Fulgence Delleaux : la production de céréales chute, comme l'indique la faiblesse du niveau de la dîme jusqu'en 1710 tandis que le secteur du textile enregistre, selon les régions, des résultats « *contrasté(s)* ». En ce qui concerne les prix, on ne parlera donc pas de déflation, comme le suggère le graphique proposé par Wilhem Abel, mais de désinflation, sous la forme d'un bref recul plus prononcé, suivi d'une longue période de ralentissement du prix du blé, entre 1650 et 1760, selon celui suggéré par Fernand Braudel et Franck Spooner.

Tout ceci tend à illustrer un *trend* particulier et artificiellement « gonflé ». La dynamique discontinue est influencée par un seizième siècle trop « nourri » d'afflux de métaux précieux et mal utilisé (quête de luxe et de financement de guerres). Enfin, à certains égards, la phase de baisse du *trend* baroque s'apparente plutôt à la phase de baisse du quatrième Kondratieff du *trend* capitaliste caractérisée par un ralentissement de la progression des prix (désinflation).

Encadré 9 : **Brève analyse du *trend* séculaire du capitalisme**

Le *trend* capitaliste est caractérisé par la cadence accélérée de la « *Destruction Créatrice* » et la de mise en place d'innovations majeures qui engendrent les Kondratieff, qui le scandent selon un rythme approximatif d'une cinquantaine d'années.

La cadence infernale se poursuit avec une phase de hausse auto-entretenue, sous l'impulsion d'un multiplicateur d'investissement de

---

[1] I. WALLERSTEIN, *Le mercantilisme et la consolidation de l'économie-monde*, op. cit., p. 7.

plus en plus performant et d'une inflation, inévitable mais « créatrice », avec le quatrième Kondratieff. Le retournement à la baisse est enclenché par des mouvements sociaux, un excès d'investissements de capacité et d'inflation. En ce qui concerne le quatrième Kondratieff, on notera surtout une exceptionnelle stagflation. Une diminution de la demande et une déflation caractérisent la phase de baisse des trois premiers Kondratieff, une diminution de la demande et une désinflation ou ralentissement de la hausse des prix, le quatrième Kondratieff. Ce ralentissement est obtenu par les mesures, assez adéquates, de désinflation compétitive, préconisées par Jean-Claude Trichet vers 1980, mais déjà largement proposées par Joseph Schumpeter en 1948[1] : blocage des prix, réduction de la masse monétaire en circulation, encadrement des crédits, réduction des déficits publics, désindexation partielle des prix, modération de la consommation et des revendications salariales.

Figure 19 : **Le trend séculaire du capitalisme et ses cycles Kondratieff**

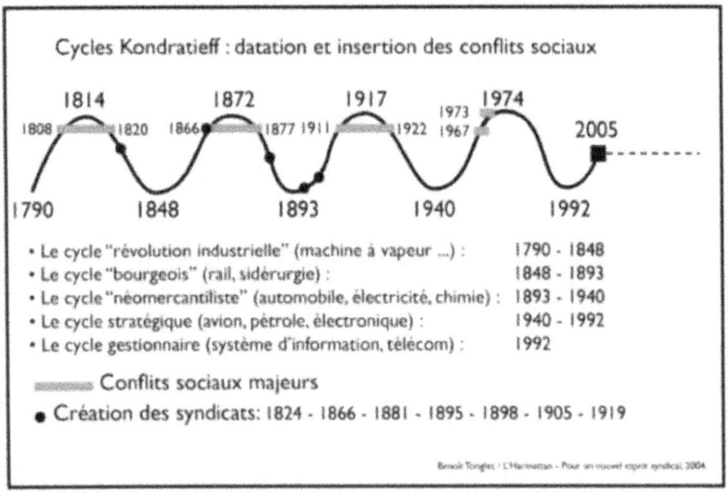

Force est de constater la fin du mouvement économique vers 1992. Le retournement à la hausse du cinquième Kondratieff s'est rapidement essoufflé pour plusieurs raisons. Le choix des innovations retenues par les entrepreneurs, selon les observations de Robert Gordon (les

[1] J. SCHUMPETER, There is still time to stop inflation, article repris dans J. SCHUMPETER, *Essays*, op. cit., pp. 245-252.

systèmes d'information, la téléphonie, le numérique), sont plus séduisantes que génératrices d'un véritable développement et d'emplois[1]. La mise en place d'innovations en matière d'écologie[2] auraient permis de rencontrer ces objectifs, mais elles ont été à cette époque écartées. La poursuite acharnée de la politique de désinflation, notamment dans l'Union Européenne, fondée sur les conceptions de Milton Friedman et les fantasmes de la Banque centrale allemande, hantée par l'hyperinflation enregistrée au lendemain de la première guerre mondiale, a longtemps maintenu le chômage à un niveau élevé[3] et engendré une déflation rampante[4]. Il se résorbe certes, mais lentement. Mais, si la création d'emplois est incontestable sur le plan quantitatif, elle s'avère toutefois d'une médiocrité exemplaire sur le plan qualitatif, comme en témoigne la faiblesse des taux de croissance. La concurrence libre et sans entraves et le libre-échange[5], adoptés depuis une trentaine d'années, maintiennent la pression sur les salaires, même en cas de plein emploi.

---

[1] R. J. GORDON, *The Rise and Fall of American Growth. The US Standard of living since the Civil War*, Princeton, 2016. Voir à ce sujet les dossiers d'*Alternatives économiques*, janvier 2016 et du *Point*, 21 avril 2016.

[2] La transition écologique doit aujourd'hui. impérativement, judicieusement et sans mesures inégalitaires, être mise en place, selon une utilisation minimaliste des ressources naturelles et dans les domaines suivants : isolation, régulation des nuisances de la mobilité et de l'industrie, amélioration et promotion des transports publics et fluviaux, développement de nouvelles énergies et du recyclage, autosuffisance alimentaire assurée par une agriculture familiale, relocalisation de l'industrie, protectionnisme vert, création monétaire *ex nihilo* pour assurer le financement.

[3] Pour certains, un chômage important et une croissance inférieure à 2 %, sont le « prix à payer » pour garantir la stabilité des prix. On parlera de la nécessité, conservatrice et « maistrienne » du « *salut par le sang* » : J. de MAISTRE, *Sur les sacrifices*, Paris, 1994, p. 67.

[4] « *Une politique de déflation doit provoquer des crises de déflation* ». J. SCHUMPETER, Dauerkrise ?, *Der deutsche Volkswirt*, 6, 1931, pp. 418-421. M. DAL PONTE LEGRAND and H. HAGEMANN, Business Cycles, Economic Growth end Economic Policy. Schumpeter and the Great Depression, article mis en ligne.

[5] Le caractère fallacieux de cette théorie, orchestrée à l'origine par Ricardo, a été démontré par M. WATSON, *Following in John Methuen's Early Eighteenth-Century Footsteps : Ricardo's Comparative Advantage Theory and the False Foundation of the Competitiveness of Nations*, University of Warwick, 25 juin 2015, travail cité par C. CHAVAGNEUX , Les petites cachotteries de David Ricardo, *Alternatives Economiques*, 351, novembre 2015, pp. 108-109.

On s'est donc débarrassé du multiplicateur d'investissement pour mieux briser le mouvement économique. On s'est donc bien débarrassé du « « négationnisme » des économistes keynésiens et hétérodoxes. Dans un tel contexte, la théorie néoclassique n'est jamais que celle de l'éternel retour du même. Il s'agit « *d'une économie ... passive, ... donc d'une économie statique ... L'économie statique n'est pas en repos, le circuit de la vie économique ne cesse de se dérouler* »[1], pour revenir à son point de départ, à son point d'équilibre. Or l'économie n'oscille pas sur elle-même. L'équilibre est exceptionnel, l'instabilité prévaut, avec la dynamique discontinue.

La théorie néoclassique manipule bien l'économie selon le principe de la gouvernementalité, initié par Guillaume de La Perrière en 1555 : « *Gouvernement est la droite disposition des choses, desquelles on prend charge pour les conduire jusqu'à fin convenable* »[2], une gouvernementalité reprise par le pouvoir, tant économique que politique. Or, bien au contraire, l'économie politique, n'est-ce point « *l'accommodement des choses nécessaires à la vie* » ?

---

2. **Flexibilité des prix et globalisation des marchés au Bas Moyen Âge ?**

* Au Moyen Âge, la naissance du marché n'est pas « *spontanée* »[3], comme l'affirme Friedrich Hayek, mais relève d'une création institutionnelle, notamment en pays mosan. Selon Michel Henochsberg, « *ce ne sont pas les marchands qui bâtissent le marché, c'est le Prince* »[4], empereur (Dinant), seigneur (Florennes, Walcourt), évêque (Fosses), abbé (Saint-Hubert). Le Prince y prélève une taxe de marché, le tonlieu. Le droit de création de marché, le *mercatus*, fait partie des droits régaliens. On relève une dizaine de mentions de marchés entre 744 et 1026, souvent sous le couvert du concept de tonlieu, droit perçu sur les marchandises vendues sur un marché ou sur le transit, fluvial ou routier, des marchandises. Le marché est-il

---

[1] J. SCHUMPETER, *Théorie de l'évolution économique*, op. cit., p.76.
[2] G. de LA PERRIERE, *Le miroir politique*, cité par M. FOUCAULT, *Sécurité, Territoire, Population*, Paris, 2004
[3] F. HAYEK, *Droit, législation et liberté*, II, Paris, 1995, p. 153.
[4] M. HENOCHSBERG, *La place du marché*, Paris, 2001. Voir à ce sujet Denis Clerc, *Alternatives Economiques*, n° hors-série, n° 67, premier trimestre 2006, p. 41.

toutefois autre chose qu'un « *type idéal* »: « *On obtient un idéal type en accentuant unilatéralement un ou plusieurs points de vue et en enchaînant une multitude de phénomènes isolés, diffus et discrets, que l'on trouve tantôt en grand nombre, tantôt en petit nombre, par endroits pas du tout, qu'on ordonne selon les précédents points de vue choisis unilatéralement pour former un tableau de pensée homogène* »[1]. Cette construction est réalisée « *à partir d'éléments de la réalité historique* »[2]. Ainsi le marché, aux IXème et Xème siècles, comme aujourd'hui, c'est au mieux, selon James Galbraith, « *une métaphore, dont l'idée est née en observant les marchés aux poissons* »[3].
* La formation des prix est-elle cependant déterminée par la loi de l'offre et la demande ? Le consommateur va-t-il augmenter *ad libitum* ses achats, sous l'unique prétexte que les prix baissent ? Selon Monica Martinat, la valeur des choses est certes tributaire d'éléments objectifs, « *coûts de production, y compris coût du travail* » et subjectifs « *utilité ou désirabilité d'un bien ..., l'abondance ou la rareté d'un bien ou de l'argent à un moment donné* », mais aussi du contrôle des prix exercés par « *les autorités* »[4]. Le concept du juste prix mérite une attention particulière. Il témoigne, au Moyen Âge, d'une économie souvent dirigée par l'autorité publique, comtale, épiscopale, seigneuriale. Que disent à ce sujet les auteurs médiévaux qui traitent de la vie économique ? Selon Monica Martinat[5], ils « *ont d'abord un souci normatif : pour eux, il s'agit de déterminer les conditions légitimes, justes, régissant chaque transaction économique en tant qu'acte particulier d'un ensemble d'échanges humains* ». Pour Duns Scot, la valeur d'échange est celle du juste prix ou, plus précisément, celle du « *prix concurrentiel normal* », selon la formulation adéquate de Joseph

---

[1] M. WEBER, *Essai sur la théorie de la science*, Paris, 1965, p. 181.
[2] Ibidem, p. 179, Max Weber cite par J. P. GROSSEIN, Leçon de méthode wébérienne, dans MAX WEBER, *Concepts fondamentaux de sociologie*, Paris, 2016, p. 68.
[3] J. GALBRAITH, Les économistes se sont trompés, *L'économie politique*, 7, 2000.
[4] M. MARTINAT, Prix, dans *Dictionnaire du Moyen Âge*, op. cit., pp. 150-151.
[5] Ibidem.

Schumpeter[1]. En revanche, selon le même économiste, les scolastiques tardifs adoptent « *n'importe quel prix concurrentiel* - communis aestimation fori ou pretium currens »[2]». Par ailleurs, on s'étonnera que, pour l'ordre des franciscains et Pierre de Jean Olivi en particulier, le prix est fonction « *du besoin, de la nécessité, autrement dit du manque, le principe fondateur des choses et donc du prix qui leur est assigné* ». Seul le marchand est compétent pour fixer le prix[3]. Ce sont les Franciscains qui sont à l'origine de l'économie de marché. Plus concrètement, en Normandie, Isabelle Theiller évoque « *la valeur relative de ce qu'il en coûte pour obtenir quelque chose* » qui découle de la pratique du marché hebdomadaire. Elle suggère que le « *juste prix* » est « *le prix du marché* » qui finit par exclure des prix surfaits ou qui ne correspondent pas à la qualité du produit. Généralement, « *le prix est connu* ». Il devient « *un prix de référence contrôlé et régulé* »[4]. En pays mosan, le juste prix est retenu, en 1255, dans une ordonnance, de l'évêque de Liège, qui intervient à Dinant comme régulateur du marché du laiton, selon une économie dirigée bien pensée. Les marchands exploitent manifestement les artisans dans les opérations de vente des matières premières et d'achat des produits finis. Il s'agit de rétablir un certain équilibre pour ne pas démotiver les artisans et compromettre l'activité économique de la ville. Les marchands ne pourront vendre les matières premières et acheter les produits finis aux artisans qu'au prix correspondant à leur valeur réelle et pas davantage. Ce faisant, les conditions du *putting out system* ou travail à façon sont largement atténuées[5].

---

[1] J. SCHUMPETER, *Histoire de l'analyse économique*, I, Paris, 1983, p. 146.
[2] Ibidem, p. 146.
[3] G. TEDESCHINI, *Richesse franciscaine. De la pauvreté volontaire à la société de marché*, Lagrasse, 2008, p. 134. P. de JEAN OLIVI, *Le traité des contrats*, Paris, 2012.
[4] I. THEILLER, Le prix du marché, contrôlé, répression, séminaire d'étude sur *La circulation des richesses*, Gif-sur-Yvette, octobre 2004. L'article est mis en ligne.
[5] B. TONGLET, L'ordinatio inter fabros Dyonenses concessa episcopum de 1255, *Les Echos de Crèvecoeur*, 42, 2015, pp. 92-97 et *Innovation et métallurgie mosane (1000-1790). Laiton. Plomb. Fer. Le choc du neuf dans l'histoire*, Wépion 2015.

* Fernand Braudel parle de « *fragment de l'univers,..., capable pour l'essentiel à se suffire à lui-même* » et Immanuel Wallerstein précise qu'un « *système-monde n'est pas le système du monde, mais un système qui constitue un monde et qui peut occuper,... une zone plus réduite que la totalité du monde* ». Toutefois Fernand Braudel et Immanuel Wallerstein n'évoquent guère le Moyen Âge. Peut-on envisager une économie-monde au Moyen Âge ? L'atomisation du pouvoir postule une adaptation de la théorie de Braudel et Wallerstein. Dans une telle hypothèse, il faudrait envisager des micro-économies-monde, avec le périmètre plus large du détroit du château que celui des terres propres de son titulaire. On retrouve un point central, le château, le territoire exploité et le territoire dominé. L'idée de l'économie-monde de Braudel, mais envisagée de manière très réduite, n'aurait-elle pas retenu l'attention de Pierre Toubert lorsqu'il a forgé dans sa thèse, son concept d'*incastellamento*[1] ?
* Dans un tel contexte, les marchés ne sont pas régulés par la flexibilité des prix et ne sont pas interdépendants. Le développement de l'échange international, est assuré par des marchands qui restent essentiellement étranger au système de production, qui « surfent » prioritairement sur les opportunités les plus profitables[2] et qui imposent le travail à façon peu propice à l'innovation. L'échange n'entraîne pas globalisation des marchés. A cette époque, la circulation des marchandises est entravée par des péages fluviaux (voir Chapitre II-2, les cinq winages ou péages fluviaux, perçus dans le cadre de la domination castrale). Il n'y a ni mondialisation (concept géographique et géopolitique), ni globalisation des marchés (l'existence d'échanges lointains n'entraîne pas globalisation), ni dynamique discontinue ailleurs (une Chine ancienne et médiévale, inventive, ne diffuse pas ses inventions).
L'économie ne s'étend au monde que tardivement, lorsque l'espace de diffusion des innovations tend à correspondre à celui des échanges. On peut évoquer « *le marché de tout l'univers* » [3],

---

[1] P. TOUBERT, *Les structures du Latium médiéval*, op. cit.
[2] F. BRAUDEL, *La dynamique du capitalisme*, Paris, 1985, p. 64.
[3] SISMONDI, *Nouveaux principes d'économie*, Paris, 1971, p. 19, cité par F. BRAUDEL, *Le temps du monde*, op. cit. p. 14.

pour reprendre une expression de Sismondi, non pas en 1819, mais plus tard, au début ou au milieu du XXème siècle, car la globalisation des marchés suppose « *internationalisation des activités des acteurs de l'économie et fluidité des marchés : réduction des barrières douanières, généralisation de l'informatique et des télécommunications, des marchés financiers et des changes de facto en continu* »[1].

* La loi de l'offre et de la demande n'est-elle pas une pure fiction ? On parlera essentiellement d'une économie de l'offre. Si Adam Smith retient l'offre et la demande, Jean-Baptiste Say, comme la plupart des économistes à sa suite, privilégie une économie de l'offre, consacrant la plus large part de son *Traité*[2], à la « *production des richesses* ». Stendhal, qui n'est cité par aucune Histoire de la pensée économique, observe que « *tous les écrivains d'économie politique ne tendent qu'à faire produire, économiser les produits et jamais consommer* », dans des fragments, inédits avant 1955[3].

3. **Le *trend* séculaire au fil de l'histoire**

La recherche permet de dater les phases des *trends séculaires*[4] :

[1]. L. SCANDELLA, Fragmentations ethno-civilisationnelles, op. cit.

[2] J. B. SAY, *Traité d'économie politique*, 6ème édition, Paris, 1841, p. 110.

[3] STENDHAL, *Compléments et fragments inédits (1803-1820)*, édités par V. DEL LITTO, Paris, 1955, pp. 186-206. Stendhal est aussi le premier à esquisser dans ces mêmes fragments, le multiplicateur d'investissement : *Nous pensons que Say a fait ce raisonnement : soit un manufacturier Thomas qui produise 1000 paires de bas. Il les vend et ne dépense que le gain qu'il fait sur 600. A la fin de la première année, il monte un métier de plus, produit, épargne et augmente toujours sa manufacture. Say et Tracy disent : Voilà un homme qui s'enrichit en se refusant des consommations, la nation est un composé d'hommes, donc toute la nation pour s'enrichir n'a qu'à se refuser des consommations* » Selon Stendhal, « *ils oublient l'action réciproque des particuliers les uns sur les autres* ».

[4] Pour le Moyen Âge, Immanuel Wallerstein propose des dates similaires pour le *trend* du bas Moyen Âge, mais je ne puis pas vraiment le suivre à propos de ses commentaires (La construction d'une économie-monde européenne. 1450-1750, dans *Histoire globale, mondialisations et capitalisme*, sous la direction de P. BEAUJARD, L. BERGER et P. NOREL, Paris, 2009, pp. 191- 202).

Figure 20 : **Le *trend* séculaire au fil de l'histoire**

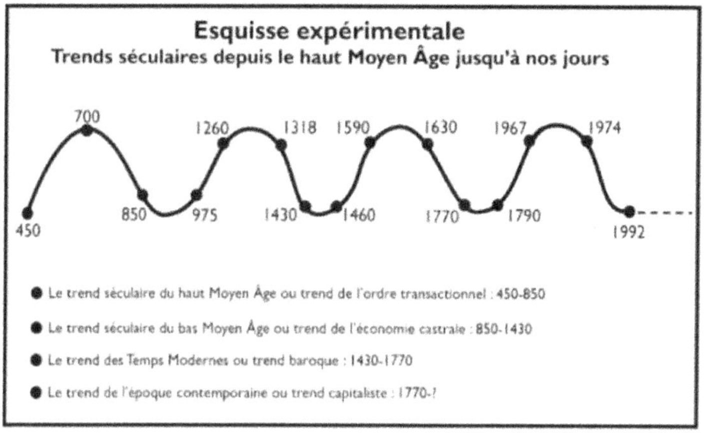

*

Mon approche, qui navigue encore dans des eaux qui ne sont guère répertoriées sur une carte, écarte le concept d'équilibre, car l'instabilité ne prévaut-elle pas dans l'histoire ? L'équilibre permet-il d'ailleurs d'imposer « *l'ordre dans un chaos potentiel* »[1] ? Or, le chaos n'apparaît-il pas comme le point de rencontre entre des forces destructrices et des forces créatrices ? Le chaos ne libère-t-il pas l'énergie qui en découle et qui produit la rupture. N'est-ce point cela la dynamique discontinue qui se développe de manière différente, en fonction de « *l'esprit économique* » (Sombart) et du « *style* » (Spiethoff) de chaque époque ? S'il y a retour du même, le même n'est jamais conforme à celui qui le précède. Le même est-il d'ailleurs garanti ? Avec l'humaine condition, le mouvement reste ouvert au « *chemin des bifurcations* ». Ainsi cycle, innovation, agent économique, multiplicateur, « *Destruction Créatrice* », esprit économique, « *style* » deviennent les concepts centraux d'une théorie historique et économique que j'ai tenté ici d'esquisser.

---

[1] Voir à ce sujet K. ARROW et F. HAHN, *General Competitive Analysis*, San Francisco, 1971, cité par A. BEITONE, …, *Dictionnaire des sciences économiques*, Paris, 2001, p. 196.

BIBIOGRAPHIE SUCCINCTE

ABEL W., *Crises agraires en Europe (XIIIème –XXème siècle*, Paris, 1973.

AGRICOLA, *De re metallica*, Thionville, 1992.

BATAILLE G., *La part maudite*, Paris, 1959.

BENOIT P., *La mine de Pampailly*, Lyon, 1997.

BILLEN C., Domaines, souverainetés, seigneuries dans le pays de Chimay et le bassin du Viroin du IXème au XIIIème siècle, dans *La seigneurie rurale en Lotharingie, Publications de la Section historique de l'Institut Grand-Ducal de Luxembourg*, 102, 1986, pp. 33-49

BIRINGUCCIO, *La pyrotechnie*, Paris, 1572.

BISSON, T. N. *La crise du XIIème siècle. Pouvoir et seigneurie à l'aube du gouvernement européen*, Paris, 2014.

BOIS G., *La grande dépression médiévale : XIVème-XVème siècles. Le précédent d'une crise systémique*, Paris, 2000.

BRAND'HONNEUR M., *Manoirs et châteaux dans le comté de Rennes. Habitat à motte et société chevaleresque (XIème-XIIème siècles)*, Rennes, 2001.

BRAUDEL F., *La Méditerranée et le monde méditerranéen à l'époque de Philippe II*, Paris, 2006.

BRAUDEL F., *Civilisation matérielle, économie et capitalisme*, Paris, 1993.

BRAUDEL F., *Ecrits sur l'histoire*, Paris, I, 1984 et II, 1994.

CONTAMINE P., BOMPAIRE M., LEBECQ S., SARRAZIN J.-P., *L'économie médiévale*, Paris, 1993.

DUBY G., *Guerriers et paysans*, Paris, 1985.

FOURNIER G., *Le château dans la France médiévale*, Paris, 1978.

GENICOT L., *L'économie namuroise au bas Moyen Âge*. I. II. III. IV, Louvain et Louvain-la-Neuve, 1943-1960-1982-1995.

GENICOT L., *Le Namurois politique, économique et social au bas Moyen Âge*, ASAN, 52, 1964.

GILLARD A., *L'industrie du fer L'industrie du fer dans les localités du comté de Namur et de l'Entre-Sambre-et-Meuse de 1345 à 1600*, Bruxelles, 1971.

HERACLITE, *Fragments*, Paris, 2002.

KONDRATIEFF N. D., *Les grands cycles de la conjoncture (1925-1926)*, Paris, 1993.

La métallurgie du fer en Corse. Des bas foyers aux hauts fourneaux ; XVème-XIXème siècle, coord. J.-F. BELHOSTE, dir. J.-F.

BELHOSTE, P.-J. CAMPOCASSO, P. COMITI, Direction du Patrimoine-Collectivité de Corse, à paraître.
La métallurgie comtoise. XVème-XIXème s., étude du val de Saône, par J.-F. BELHOSTE et *alii*, Besançon, 1994.
La métallurgie normande. XIIème-XVIIème. La révolution du haut fourneau, par J.-F. BELHOSTE et *alii*, Caen, 1991.
La mine mode d'emploi. La Rouge Myne de Sainct Nicolas de la Croix. Dessins par Heinrich Groff, Paris, 1992.
La pierre, le métal, l'eau et le bois. Economie castrale en territoire Audois. XIème-XIVème siècles, dir. de M. C. BAILLY et M. E. GARDEL, Carcassonne, 2007.
La sidérurgie alpine en Italie (XIIème-XVIIème siècle), études réunies par P. BRAUNSTEN, Ecole française de Rome, 290, 2001.
LAURANSON-ROSAZ C., Le débat sur la « mutation féodale » : état de la question, wwwdroit. u. clermont1.fr. pages.../MutFeodebat.
LEBRUN P., BRUWIER M., DHONT J., HANSOTTE G. , *Essai sur la révolution industrielle en Belgique, 1770-1847*, Bruxelles, 1981
MONTCHRESTIEN A. de, *Traicté de l'oeconomie politique*, Genève, 1999.
Prés et pâtures en Europe occidentale, F. BRUMONT éd., Toulouse, 2008.
SCANDELLA L., *Le Kondratieff. Essai de théorie des cycles longs économiques et politiques*, Paris, 1998.
SCANDELLA L, Fragmentations ethno-civilisationnelles contre mondialisation, *Bulletin financier de la BBL*, aujourd'hui ING, n° 2347, novembre 1999, pp. 1-11.
SCHUMPETER J., *Théorie de l'évolution économique*, Paris, 1983.
SCHUMPETER J., *Business Cycles. A Théorical, Historical and Statistical Approach of the Capitalist Process*, New-York and London, 1939.
SCHUMPETER J. *Impérialisme et classes sociales*, Paris, 1984.
SCHUMPETER J., *Essays*, New Brunswick (USA), 2008.
SCHUMPETER J., *Capitalisme, Socialisme et Démocratie*, Paris, 1990.
SCHUMPETER J., Développement, dans C. JAEGER, *Le développement au sens de Schumpeter. Une mise en perspective de deux textes rares*, Paris, 2013, pp. 115-127.
SOMBART W., *Le bourgeois. Contributions à l'histoire morale et intellectuelle de l'homme économique moderne*, Paris, 1966.
SPIETHOFF A., The historical Character of economic Theories, *The Journal of Economic History*, Printemps 1952, pp. 131-139.

TONGLET B., *La déflation. Qu'en dites-vous Nikolaï Kondratieff*, Paris, 2003.
TONGLET B., Les cycles Kondratieff : une philosophie critique, *Innovations. Cahiers d'économie de l'innovation*, 2004-1, pp. 9-36.
TONGLET B., *Histoire économique (500-2007). Critique de la méthode*, Paris, 2007.
TONGLET B., Le château autour de l'an mil. Le point de vue de l'économiste, dans *Lieu de pouvoir, lieu de gestion. Le château aux XIIIème-XVIème siècles : maîtres, terres et sujets*, dir. J. M. CAUCHIES et J. GUISSET, Turnhout, 2011, pp. 259-275.
TONGLET B., *Le pays mosan. Son évolution économique (450-1460). Essai sur la dynamique médiévale,* Namur, 2011.
TONGLET B., *Innovation et métallurgie mosane (1000-1790). Laiton. Plomb. Fer. Le choc du neuf dans l'histoire,* Wépion, 2015.
TONGLET B., *Familles aristocratiques mosanes et théorie économique et politique de la seigneurie castrale. 950-1200. Essai de sociologie historique*. Préface d'Axel Tixhon, professeur d'histoire contemporaine (Université de Namur), s.l., 2017.
UZUNIDIS D., Schumpeter et mouvements longs de l'économie ; Aspects critiques de l'actualité théorique, *Innovations. Cahiers d'économie de l'innovation*, 4, 1996-2, pp. 119-140.

TABLE DES MATIERES

Revue « Marché et Organisations »
L'Harmattan

Cahiers d'économie et de gestion thématiques dont le but est de promouvoir la recherche originale sur les relations de plus en plus étroites qui se tissent entre le marché et les organisations. Les acteurs économiques de taille, de puissance et de pouvoir différents dont les intérêts peuvent être convergents, complémentaires ou, le plus souvent, antagoniques, ont tendance à organiser les marchés. La raison du marché, pourtant, est la référence stratégique pour l'entreprise ainsi que pour les institutions publiques de décision économique.

Numéros parus :

N°1 : Artisanat. La modernité réinventée, 2006
N°2 : La petite entreprise, elle a tout d'une grande. De l'accompagnement aux choix stratégiques, 2006
N°3 : Tourisme et Innovation. La force créative des loisirs, 2007
N°4 : Le travail. Formes récentes et nouvelles questions, 2007
N°5 : Les universités et l'innovation. L'enseignement et la recherche dans l'économie des connaissances, 2007
N°6 : Entrepreneuriat et accompagnement. Outils, actions et paradigmes nouveaux, 2008
N°7 : Développement durable des territoires. Economie sociale, environnement et innovations, 2008
N°8 : Développement durable et responsabilité sociale des acteurs, 2009
N°9 : Gouvernance : exercices de pouvoir, 2009
N°10 : Le travail collaboratif. Une innovation générique, 2009
N°11 : Economie sociale et solidaire. Nouvelles trajectoires d'innovations, 2010
N°12 : Relations à la marque et marques de la relation. Regards croisés sur le management relationnel de la marque, 2010
N°13 : Les contrats au service de la recherche ?, 2011
N°14 : Le potentiel économique de l'Afrique subsaharienne, 2011
N°15 : Management de la distribution, 2012
N°16 : Territoire Vert. Entreprises, Institutions, Innovations, 2012
N°17 : Eco-conception, conception et innovation. Les nouveaux défis de l'entreprise, 2013
N°18 : Intelligence économique : entreprises et territoires, 2013
N°19 : La finance globale. Un monde fini, 2013
N°20 : La crise du « développement », 2014
N°21 : La Chine innove. Politiques publiques et stratégies d'entreprise, 2014
N°22 : Go East! Nouvelles Economies de Marché, 2015
N°23 : L'économie du changement, 2015
N°24 : Le temps des artisans. Permanences et mutations, 2015
N°25 : Innovations de proximité et esprit d'entreprise, 2016
N°26 : L'avenir des économies du Maghreb : entre inertie structurelle et envie de rupture, 2016/3 (n° 27)
N°27 : Le sport aux frontières du marché du travail, 2016
N°28 : Dynamiques internationales des entreprises, 2017
N°29 : L'univers du risque, 2017
N°30 : Les petites entreprises dans l'histoire industrielle, 2017
N°31 : Economie sociale et *social business* ? Au défi d'entreprendre et se financer, 2018
N°32 : Éducation et fertilisation des économies africaines, 2018
N°33 : L'entrepreneuriat innovant dans les pays du Maghreb, 2018
N°34 : L'entrepreneuriat scientifique : institutions et innovation, 2019
N°35 : Le champ économique de la culture, 2019
N°36 : Economie sociale et solidaire ? Modèles d'innovation et modes de gouvernance, 2019
N°37 : Rethinking Luxury Business, 2020

Collection « L'esprit économique »
fondée par Sophie Boutillier et Dimitri Uzunidis en 1996

Dernières parutions

► ***Série Economie et Innovation***
B. CHRISTOPHE, *La décroissance écologique transforme l'entreprise*, 2017.
G. ACHERMANN, *Territoires d'innovation en Russie, Ambitions et contraintes d'une politique de clusterisation*, 2018.
C. ABDOU LAHAD THIAW, *Innovation localisée pour le développement économique du Sénégal*, 2018.
N. ANIDO FREIRE, *Tradition et innovation : de l'opposition à la complémentarité*, 2018.
C. BERGHMANS (dir.), *Intelligence et compétences émotionnelles en entreprise : perspectives multiples*, 2018.
T. MICHAUD, *La réalité virtuelle : de la science-fiction à l'innovation*, 2018.
B. LAPERCHE, M. LIMA, E. SEULLIET, B. TROUSSE (dir.), *Les écosystèmes d'innovation. Regards croisés des acteurs clés*, 2019.
S. MONNERIE, *L'économie digitale révolutionne le monde. Innovation et total design*, 2019.
T. MICHAUD, *Le projet spatial européen, entre pragmatisme et imagination*, 2020.
► ***Série Le Monde en Question***
C. BASTIDON, O. GBAGUIDI A. GHOUFRANE, A. SILEM (dir.), *Commerce, investissement et développement durable en Afrique*, 2017.
L. BOURQUIN, *Europe 3.0 : le grand réveil*, 2017.
A. ROSOWSKY, *De l'économie de pillage a la société désagrégée, un essai sur la révolution thatchérienne*, tomes 1 & 2, 2017.
M. AMAN, *Currency board* (caisse d'émission) à Djibouti. Quelles implications économiques ?, 2018.
► ***Série Krisis***
J. HUERTA DE SOTO, *La théorie de l'efficience dynamique*, 2017.
Y. LEVANT, S. TREBUCQ, *Théorie comptable et sciences économiques du XVe au XXIe siècle, mélanges en l'honneur du professeur Jean-Guy Degos*, 2018.
M. WIELEZYNSKI, *Retour sur l'origine du profit : et si l'économie changeait de paradigme…*, 2018.
G. MINART, *Benjamin Constant, économiste*, 2019.
M. RAMEAUX, *Le tao de l'économie. Du bon usage de l'économie de marché*, 2020.
► **Série *Clichés***
S. BOUTILLIER, D. UZUNIDIS (dir.), *La Russie européenne. Du passé composé au futur antérieur*, 2008.
R. VOLPI, *La négociation. Pain, paix, liberté*, 2009.
► ***Série Cours Principaux***
P.-Y. CARASCO, Prix de transfert et stratégies d'optimisation fiscale de la firme multinationale, 2017.
O. ESNEU, *Fondements de droit. Manuel d'initiation*, 2018.
B. LANDAIS, *Les fluctuations économiques, une synthèse nouvelle*, 2017.
S. FREZAL, *Quand les statistiques minent la finance et la société. Risque, responsabilité et décision*, 2018.
O. ESNEU, *Le droit du transport routier de marchandises (TRM)*, 2018.
G. DUTHIL, *Economie publique et métamorphoses sociales*, 2019.
► ***Série L'économie formelle***
B. SCHWENGLER, *De l'inflation à la dette publique : analyse des discours politiques*, 2016.
S. PARK, *Les abus de puissance économique dans les relations commerciales déséquilibrées*, 2018.
C. JADEAU, *La Finance inclusive. Manuel du post-capitalisme financier*, 2019.
A. BELMADANI, *Monnaie et systèmes de paiement. Mutations, enjeux et risques*, 2019.
É. CHAUMETON, *Pour une économie au service de la personne. Pistes d'avenir pour l'économie, la monnaie et la fiscalité*, 2019.
K. B. KOUASSI, *Pauvreté des Nations. Une critique de l'économie politique*, 2019.

Structures éditoriales du groupe L'Harmattan

L'Harmattan Italie
Via degli Artisti, 15
10124 Torino
harmattan.italia@gmail.com

L'Harmattan Hongrie
Kossuth l. u. 14-16.
1053 Budapest
harmattan@harmattan.hu

L'Harmattan Sénégal
10 VDN en face Mermoz
BP 45034 Dakar-Fann
senharmattan@gmail.com

L'Harmattan Cameroun
TSINGA/FECAFOOT
BP 11486 Yaoundé
inkoukam@gmail.com

L'Harmattan Burkina Faso
Achille Somé – tengnule@hotmail.fr

L'Harmattan Guinée
Almamya, rue KA 028 OKB Agency
BP 3470 Conakry
harmattanguinee@yahoo.fr

L'Harmattan RDC
185, avenue Nyangwe
Commune de Lingwala – Kinshasa
matangilamusadila@yahoo.fr

L'Harmattan Congo
67, boulevard Denis-Sassou-N'Guesso
BP 2874 Brazzaville
harmattan.congo@yahoo.fr

L'Harmattan Mali
Sirakoro-Meguetana V31
Bamako
syllaka@yahoo.fr

L'Harmattan Togo
Djidjole – Lomé
Maison Amela
face EPP BATOME
ddamela@aol.com

L'Harmattan Côte d'Ivoire
Résidence Karl – Cité des Arts
Abidjan-Cocody
03 BP 1588 Abidjan
espace_harmattan.ci@hotmail.fr

L'Harmattan Algérie
22, rue Moulay-Mohamed
31000 Oran
info2@harmattan-algerie.com

L'Harmattan Maroc
5, rue Ferrane-Kouicha, Talaâ-Elkbira
Chrableyine, Fès-Médine
30000 Fès
harmattan.maroc@gmail.com

Nos librairies en France

Librairie internationale
16, rue des Écoles – 75005 Paris
librairie.internationale@harmattan.fr
01 40 46 79 11
www.librairieharmattan.com

Librairie l'Espace Harmattan
21 bis, rue des Écoles – 75005 Paris
librairie.espace@harmattan.fr
01 43 29 49 42

Lib. sciences humaines & histoire
21, rue des Écoles – 75005 Paris
librairie.sh@harmattan.fr
01 46 34 13 71
www.librairieharmattansh.com

Lib. Méditerranée & Moyen-Orient
7, rue des Carmes – 75005 Paris
librairie.mediterranee@harmattan.fr
01 43 29 71 15

Librairie Le Lucernaire
53, rue Notre-Dame-des-Champs – 75006 Paris
librairie@lucernaire.fr
01 42 22 67 13

www.ingramcontent.com/pod-product-compliance
Lightning Source LLC
LaVergne TN
LVHW051401061026
849535LV00009B/3294
9782343198132